事例で学ぶ

社会的養護

大西 雅裕・阪野 学・浦田 雅夫・山川 宏和 著

八千代出版

はじめに

　近年、児童虐待防止キャンペーンの一環として、児童相談所虐待対応ダイヤル「189」のメッセージが、マスコミ報道においてよく見かけられるようになった。そのことは、社会全体でみると、児童虐待に対しての認識が深まってきたと言うことができる。そして虐待に関しての相談、通報等が年々増加してきている。しかしながら、子どもを取り巻く環境は、さまざまな要因によって、まだまだ非常に厳しい状況にあると言わざるを得ない。

　その背景の根幹には、少子・高齢化社会の進行、家族構造および機能の変化、そして地域社会の組織の脆弱化等々のさまざまな課題をいろんな場面で私たちが抱えることとなってきているとも言える。例えばそれらの課題は社会の基盤となるべき地域社会、家族等の関係に多大な影響を及ぼしており、特に家族においては、「虐待」という事象で、弊害を表出させてきていると考えることができる。

　この虐待とは、家庭において子どもたちがあたりまえの生活を営むことが、保障されない状況であると言える。言い換えると、家族の構成員である「親」が、子どもたちのあたりまえの生活を保障することができない状況であると言うことができる。この状況に対応した支援としては、児童福祉法にもあるように一義的責任は、児童の保護者がその責任を負うが、それと同時に国および地方公共団体においても、児童を心身ともに健やかに育成する責任を負うとされている。そのために、今日地域社会においてさまざまな家庭に対し公的な子育て支援策が展開されてきている。

　しかしながら、保護者がその一義的責任を何らかの理由によって果たせない場合に、保護者に代わって国および地方公共団体がその責任を果たすことになる。具体的に言うと、家庭に代わって、親と一緒に暮らすことができない子どもたちに対して、子どもが、この世の中に命を授かる誕生から、その発達成長の道筋をたどるごくあたりまえの生活の営みを、里親やファミリーホーム、児童養護施設等に委託し、社会的に子どもを養育（養護）していく仕組みが、社会的養護である。

　本書は、保育士養成カリキュラムの中の、社会的養護Ⅱの保育士養成カリキュラムに準拠したテキストとして構成した。執筆者は、いずれも現在保育士養成施設で実際に社会的養護を講義しており、学習者が本書を活用して、社会的養護関連施設に勤務する保育士として必須の考え方、姿勢から知識、技法等を修得されることを切望する。

　本書のⅢ、Ⅳ章ではさまざまな事例を紹介しているが、いずれも事例に挙がっている人物は仮名であり、年齢・家族構成・施設名等も学習のために作成したことをお断りしておく。

　最後に、本書企画の段階から温かく見守っていただき、きめ細かいご配慮、ご指導を賜った八千代出版の皆様に心より謝辞を申し上げる。

2021 年 1 月

執筆者代表

大西 雅裕

目　　次

I章
社会的養護の内容

I-1　社会的養護における子どもの理解

　子どもたちの生活基盤は、何をおいても家族と共に生活を営む家庭である。家庭は、保護者である親による「子育て」という営みを担ってきている。その子育ては、わが国の児童福祉法第1条にあるように、「全て児童は、児童の権利に関する条約の精神にのっとり、適切に養育されること、その生活を保障されること、愛され、保護されること、その心身の健やかな成長及び発達並びにその自立が図られることその他の福祉を等しく保障される権利を有する」とされ、子どもが健やかに成長・発達し、その自立が図られることが保障されている。そして保護者および国、地方公共団体（都道府県市町村）がその責任を負うとされている。

　しかしながら、家族を取り巻く課題は山積しているといえる。例えば、都市化が進行し、私たちの生活自体の利便性も向上し、人とかかわることなく個として生活していけるようになって、人間関係（ご近所づきあい）が希薄化してきている。また核家族化により、子育ての悩みや心配事について相談できる人が少なく、最近では「マニュアル文化」の象徴のようにホームページ等の情報依存傾向も見られ、子どもたち1人ひとりの個性を尊重した子育てではなく、まさに「マニュアル化」された子育てとなっているようにも思える。マニュアル化された情報との乖離がみられると、子どもの成長が個別化されず、育児不安が高まってくるのである。

　このような状況に鑑み、保護者に対して子育てに関する支援の必要性が増加してきていると言える。子どもを育てる責任が履行されず、子どもの「最善の利益」が尊重されず、家庭において保護者が子育てという一義的責任を果たすことができない場合において、国および地方公共団体がその子育て責任を負って子育てをすることになる。これが社会的養護である。

　社会的養護の体系としては、わが国で中心的役割を果たしてきた、児童福祉施設等において養護する施設養護と、家庭という基盤の中で養護が行われる里親制度が中心となる、家庭的養護の2つに大きく分けることができる。この2つが今日まで制度化されてきているのである。

I-2　社会的養護の基本理念と原理

① 社会的養護の基本理念

　社会的養護が実践される場合の基本理念は、**児童の権利宣言**（ジュネーブ宣言　1924年）に始まり以降、国際連合の世界人権宣言（1948年）や児童の権利条約（1989年）で掲げられてきた。厚生労働省の「社会的養育の推進に向けて」に基礎的理念とその原理が掲げられている。

　まずは基本理念として、児童のさまざまな権利を保障するために以下の2点がある（図I-1）。

①子どもの最善の利益のために

②社会全体で子どもを育む

　上記の2点は、児童福祉法の第1章「総則」の3つの条文に位置づけられている。

　①「子どもの最善の利益のために」は、児童福祉法第1条にあるように、子どもは児童の権利および健やかな成長発達が保障される権利を有し、そのうえで、第3条において、「児童に関するすべての措置をとるに当たっては、児童の最善の利益が主として考慮されるものとする」として、児童の最善の利益の尊重が謳われていると考える。

社会的養護の基本理念

①子どもの最善の利益のために

・児童福祉法第1条「全て児童は、児童の権利に関する条約の精神にのっとり、適切に養育されること、その生活を保障されること、愛され、保護されること、その心身の健やかな成長及び発達並びにその自立が図られることその他の福祉を等しく保障される権利を有する。」

・児童の権利に関する条約第3条「児童に関するすべての措置をとるに当たっては、児童の最善の利益が主として考慮されるものとする。」

②社会全体で子どもを育む

・社会的養護は、保護者の適切な養育を受けられない子どもを、公的責任で社会的に保護養育するとともに、養育に困難を抱える家庭への支援を行うもの。

社会的養護の原理

①家庭養育と個別化：

・すべての子どもは、適切な養育環境で、安心して自分をゆだねられる養育者によって養育されるべき。「あたりまえの生活」を保障していくことが重要。

②発達の保障と自立支援：

・未来の人生を作り出す基礎となるよう、子ども期の健全な心身の発達の保障を目指す。愛着関係や基本的な信頼関係の形成が重要。自立した社会生活に必要な基礎的な力を形成していく。

③回復をめざした支援：

・虐待や分離体験などによる悪影響からの癒しや回復をめざした専門的ケアや心理的ケアが必要。安心感を持てる場所で、大切にされる体験を積み重ね、信頼関係や自己肯定感（自尊心）を取り戻す。

④家族との連携・協働：

・親と共に、親を支えながら、あるいは親に代わって、子どもの発達や養育を保障していく取り組み。

⑤継続的支援と連携アプローチ：

・アフターケアまでの継続した支援と、できる限り特定の養育者による一貫性のある養育。様々な社会的養護の担い手の連携により、トータルなプロセスを確保する。

⑥ライフサイクルを見通した支援：

・入所や委託を終えた後も長くかかわりを持ち続ける。虐待や貧困の世代間連鎖を断ち切っていけるような支援。

社会的養護の基盤づくり

○家庭養育優先原則に基づき、家庭での養育が困難又は適当でない場合は、養育者の家庭に子どもを迎え入れて養育を行う里親やファミリーホーム（家庭養護）を優先するとともに、児童養護施設、乳児院等の施設についても、できる限り小規模かつ地域分散化された家庭的な養育環境の形態（家庭的養護）に変えていく。

○大規模な施設での養育を中心とした形態から、一人一人の子どもをきめ細かく育み、親子を総合的に支援していけるよう、ハード・ソフトともに変革していく。

○施設は、社会的養護の地域の拠点として、家庭に戻った子どもへの継続的なフォロー、里親支援、自立支援やアフターケア、地域の子育て家庭への支援など、高機能化及び多機能化・機能転換を図る。

○ソーシャルワークとケアワークを適切に組み合わせ、家庭を総合的に支援する仕組みづくりが必要。

図Ⅰ-1　社会的養護の基本理念と原理

（出所）厚生労働省子ども家庭局家庭福祉課「社会的養育の推進に向けて」2020年、11頁。

2

②「社会全体で子どもを育む」とは、児童福祉法第2条「全て国民は、児童が良好な環境において生まれ、かつ、社会のあらゆる分野において、児童の年齢及び発達の程度に応じて、その意見が尊重され、その最善の利益が優先して考慮され、心身ともに健やかに育成されるよう努めなければならない」とあるように、国民、社会全体で子どもの最善の利益を尊重することである。

　そのうえで、2項、3項において、「児童の保護者は、児童を心身ともに健やかに育成することについて第一義的責任を負う」「国及び地方公共団体は、児童の保護者とともに、児童を心身ともに健やかに育成する責任を負う」として、子どもの人権を保障しているのである。

② 社会的養護の原理

　図Ⅰ-1にあるように、社会的養護の原理について、厚生労働省は、施設養護の原理として以下の6点をあげている。

①家庭養育と個別化

　家庭において養育者である親は、子どもへの子育ての責任を第一義的に有し、子どもを養育する。そして、子どもが安心して自分をゆだねられる絶対的な存在として親があるのである。このことは子ども自身にとっては、**あたりまえの生活**であり、常にこの関係性が保障されることが重要である。

　また、児童福祉施設や里親制度等の社会的養護においても、この子どもたちの生活環境が、あたりまえであることが必須である。

　換言すると、この「あたりまえ」は非常に重要なタームであると考える。「あたりまえ」とは普通とか当然であることという意味であるが、何をもってあたりまえとするかであり、少なくとも子どもの権利条約等で掲げられている諸権利が保障されることである。例えば子どもにとってのあたりまえの生活というと、保護者のもとで成長・発達していくため、その子どもの個性に応じた環境であることが保障されることだと考える。

②発達の保障と自立支援

　子どもの健全な成長発達を保障していく目標としては、この社会において成人して自立生活を営むことができるようになることである。そのために**社会生活で必要な基礎的能力**（教養、能力、技術、技能等）を身につけることが重要であり、家庭においては、保護者が子どもに対してこの基礎力を教育していく一義的責任を負っているのである。社会的養護の場合においても同様であり、施設においても職員一同が、子どもたちの自立に向けた支援を行うことになる。

③回復をめざした支援

　本来、家庭において生活をすることを「あたりまえ」としている子どもたちにとって、何らかの諸理由により家庭から分離され、施設入所しなければならない状況になるということは、以下のような問題を抱えることになる。それは、最も信頼を寄せている親（保護者）と分離されなければならないという非常に大きな心的負担を背負ってしまうことである。このことは子どもにはまったく理解できないことであるといえよう。

社会的養護の面では、子どもたちの心的負担の軽減を図るために、子どもたちが安心して生活することができる場が必要となる。具体的には、子どもたちにとって児童福祉施設や里親家庭等の環境自体が、安心感のある信頼できる場であることである。そしてそこで、子どもたちへの生活支援の担い手である児童福祉施設の職員や里親との安心できる良い関係が作られ、積み重ねられることにより、子どもたちの心的負担の軽減や、自尊心や自己肯定感を取り戻すための心理的、専門的なケア支援の提供が可能となるのである。

④家族との連携・協働

従来の施設においては、保護者のない児童等を保護者（親）に代わって養育することが主な考え方であった。しかしながら今日では、親（保護者）がいても、その家庭において子どもたちを養育することが困難な家族が増加してきている。本来多くの子どもたちは、親（保護者）のもとで親（保護者）と共にあたりまえの生活をしたいという気持ちを持ちつつも、施設での生活を余儀なくされているのである。子どもたちがいつか家族と共にあたりまえの生活ができるようになるために、家族と連携し、協働して子育てに取り組んでいけるように支援施策が展開されてきている。その一環として、1999（平成11）年より、被虐待児童への適切な援助体制の確保のために家庭支援専門職員等が配置され、早期に家庭復帰等を支援する体制が強化されるようになったのである。

⑤継続的支援と連携アプローチ

私たちは、常に一生涯を通じて連続性のある生活を営む。子どもの生活についても、家庭において親（保護者）を中心に、家族の中で特定の養育者により一貫性のある継続的な養育がなされている。社会的養護の環境においても、一貫性のある継続的な支援体制や職員の連携アプローチが不可欠である。このようにして子どもが安心感のある安定した生活を営むことができるのである。そして社会的養護の場を離れた後においても、人間としてのかかわりは分断され終了するものではない。子どもたちの生活は、その後も継続していかなければならない。アフターケアとしての継続した支援が、その後においても展開されなければならないのである。

⑥ライフサイクルを見通した支援

子どもたちの児童福祉施設、里親家庭での生活は入所している期間だけであるが、前述の⑤継続的支援と連携アプローチでも述べたように、子どもの生活は一生涯にわたり展開されていく。そのために一時的な施設での生活であっても、その時だけではなく、その子どもの生涯を見通した支援が展開されなければならない。アフターケアの部分も重要となるのである。

そして、子どもたちの多くは、将来結婚し、家庭をもち、子育てする生活を営んでいくのである。しかしながら子育ては本能的に行われるものではなく、子どもの成長に伴って親としても成長し、学習していくものである。何らかの理由で社会的養護を経験した子どもたちにとっては、あたりまえの子育て経験の学習が十分ではなく、その結果として虐待や貧困などの世代間連鎖の問題が起こっている場合がある。この世代間連鎖の問題を起こさないようにするためには適切な相談、支援体制が必要となる。つまりそれぞれの**ライフサイクル**に応じて、適切なアドバイス等の機会等が支援されることは、非常に意義があるといえる。

以上のように、それぞれの原理に基づいた社会的養護を通じて、子どもの最善の利益を尊重し、子どもにとってあたりまえの生活としての環境が保障されることで、子どもたちの生活は持続可能な発展をし続けることができると考える。

Ⅱ章
自立支援計画と記録および自己評価

Ⅱ-1　自立支援計画

1　「自立支援」とは

　自立とは、ひとり暮らしをするにあたり、食事づくり、掃除、洗濯など身の回りの生活技術や社会生活を送るための知識さえ身についていればよいかというと、そうではない。『児童自立支援ハンドブック』には以下のように記されている。

> 「児童の自立を支援していくとは、〈中略〉児童の特性と能力に応じて基本的生活習慣や社会生活技術（ソーシャルスキル）、就労習慣と社会規範を身につけ、総合的な生活力が習得できるよう支援していくことである。〈中略〉適切な依存は社会的自立の前提となるものである。そのためにも、発達期における十分な依存体験によって人間への基本的信頼感を育むことが、児童の自立を支援する上で基本的に重要であることを忘れてはならない。」（厚生労働省児童家庭局家庭福祉課監修〔1998〕18頁）

　上記のように、子どもたちが社会的自立をしていくためには基本的生活習慣や社会生活技術の習得だけではなく、他者に適度に依存して他者とつながれることが前提となる。そのためには、他者を信頼することができるような基本的信頼感をもとにした依存体験が大切であり、何より身近な養育者との基本的信頼感の形成が重要である。

2　自立支援計画の策定

　自立支援計画とは、個々の子どものケアプランとして、その子どもの年齢に応じた社会的自立に向けた計画のことである。また、自立支援計画の策定は、里親ならびに施設において厚生労働省の省令「里親が行う養育に関する最低基準」および「児童福祉施設の設備及び運営に関する基準」により、それぞれ義務づけられている。

　施設での策定にあたっては、まずアセスメントとして情報を収集して事前評価を行う。その際に留意することは、児童相談所をはじめとする関係機関からの情報および子ども本人との面接などから、子どもの心身の状況や生活状況、保護者の状況などの家庭環境、学校での様子などの情報を集約することである。そして、その情報を分析して課題を具体的に明示する。

　次に責任者を決め、支援目標については児童相談所の援助計画だけでなく子ども・親の意見を反映して作成することが大切であり、さらに作成した支援目標を説明することも忘れてはならない。その際に子どもが理解しやすい内容になるよう配慮する。また、計画の策定に際してはケース会議を行い、実施にあたっては、支援内容を事前に職員間で共有し統一した対応をしなければならない。

支援目標は、2、3か月先を見据えた短期目標と、半年もしくは1年先を見据えた長期目標とに分けて整理して立てる。

さらに自立支援計画は、半年もしくは1年ごとに見直しを行わなければならない。

Ⅱ-2　記録について

1　記録の種類とスタイル

社会的養護においては、児童福祉法等法令に基づき公費で養育および支援が行われるため、記録を残しておく必要がある。具体的には、児童票、ケース記録、自立支援計画などの支援に関するもの、業務日誌やケースカンファレンスの記録などの運営・管理に関するもの、子どもの映像や作品、日記などの成長に関するもの、その他実習記録などがある。

記録の文体には「叙述体」「説明体」「要約体」等があり、用途によって使い分けられる。

①叙　述　体

時間の経過に沿って、出来事（客観的事実）のみを記述する文体である。支援者の意図や解釈（主観的事実）は記述しない。また、利用者や支援者の発言を記述する「逐語体」も含まれる。逐語記録にすることにより、子どもの様子はわかりやすくなるが、支援者の意図や解釈が記述されていないため、他者との関係性や支援者がどのように感じたかはよくわからない。記録の量が多くなり業務日誌などには向かない。

②説　明　体

利用者の言動や出来事（客観的事実）に対する支援者の意図や判断、解釈や考察（主観的事実）について、読み手に説明するための文体である。これは、事実に対する支援者の主観が記されるので、支援者の意図や他者との関係性などがよくわかり、実習記録やカンファレンスの記録などに用いられる。

③要　約　体

利用者の言動や出来事（客観的事実）と支援者による意図や考察（主観的事実）等の要点を記述する文体である。この文体は、簡潔で読み手が状況を把握しやすいため業務日誌などの連絡や申し送りの記録として有効である。

④マッピング技法

記録には、文章だけでなく視覚的にわかりやすく図式化したものがあり、その技法をマッピング技法という。その代表的なものにジェノグラム（家族関係図）とエコマップ（社会関係図）がある。

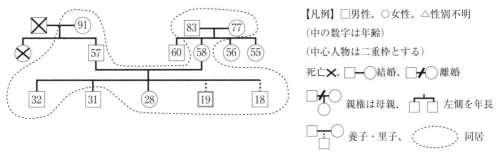

【凡例】□男性、○女性、△性別不明

(中の数字は年齢)

(中心人物は二重枠とする)

死亡✕、□—○結婚、□╱✕○離婚

□╱✕○ 親権は母親、□┓□ 左側を年長
○   □

□┄○ 養子・里子、 ⟨‥‥‥⟩ 同居
┊
□

図Ⅱ-1　ジェノグラム（例）

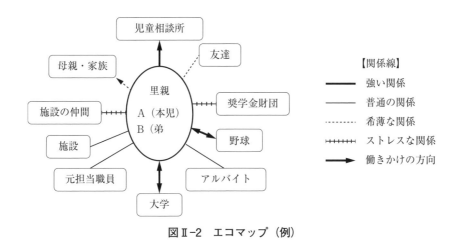

【関係線】

━━━━━ 強い関係

───── 普通の関係

‥‥‥‥ 希薄な関係

+++++ ストレスな関係

━━➤ 働きかけの方向

図Ⅱ-2　エコマップ（例）

② 記録作成のルールと留意点

ルール

①文末は「〜である」調とし、逐語録を除き文語（書き言葉）を用い口語や省略された言葉を用いない。

②黒ボールペン等の消えない筆記用具で記述する。

③入所児（利用児・者）の名前の表記についての個人情報保護への配慮（イニシャルなどで表記）

④書き間違えた場合には、該当箇所に二重線を引き捺印する。

留意点

①誤字・脱字がないかを読み返し確認する。

②主語と述語が一致しているかを確認する。

③長文にならないよう簡潔なわかりやすい文章にする。

④5W1Hを意識する。「いつ（When）」「どこで（Where）」「だれが/だれに（Who/Whom）」「何が/何を（What）」「なぜ（Why）」「どのように（How）」を取り入れて記述する。

Ⅱ-3　自己評価について

社会的養護における自己評価は、子どもの権利を擁護し最善の利益を尊重して、支援目標の達

成のための課題に取り組み、支援の質の向上を図り、よりよい支援の実現のために行われる。自己評価の方法の1つに「PDCAサイクル」がある。ソーシャルワークの支援過程において、目的や目標の達成のために「計画（PLAN）」を立て、「実践（DO）」して、「評価・振り返り（CHECK）」を行い、「見直し・改善（ACTION）」により修正し、支援計画を立て直すというものである。

　自己評価は何を対象として評価するかによって方法は異なってくる。例えば、施設の組織を自己評価するもの、支援者個人の自己評価を目的としたもの、さらには子どもや親・家族の自己評価などがある。

　まず、施設の組織を自己評価するものとして第三者評価がある。これは、社会福祉法第78条第2項により3年に1度外部の評価機関による受審と公表が義務づけられている。それを受けて、毎年、養育・支援および施設運営の各般にわたる定められた項目について、職員の参画による自己評価を行わなければならない。そして受審の際には、その自己評価を評価機関に提出し調査・評価を受けることになるのである。その他にも、自立支援計画策定のためのケースカンファレンスや、日々の申し送りにおいて行われているスーパービジョンにより、組織としての自己評価がなされていると考えることができる。また、同じように支援者個人の日々の業務においてもスーパービジョンが行われており、その中で支援者は多くの気づきを与えられ、自己覚知することにより専門職として自己変革を遂げていくことができるのである。

　最後に子どもと親・家族の自己評価についてである。子どもへの支援は自立支援計画に基づき行われるが、計画の目的や目標の設定には子どもや親・家族の意向が反映される。設定された目的や目標はもとより、達成のために取り組むべき課題についても説明がなされ、そのうえで子ども、親・家族と共に計画を進めていくことになる。子どもについては、日々の生活の中で「がんばり表」を作成するなどして目に見える形で成果が確認でき、自己評価できるように工夫する。子ども自身の主体的な取り組みが、計画の目的や目標の達成につながるということを実感できるようにすることが大切である。また、親・家族についても計画の進捗に合わせ節目ごとに面談して話し合いを行い、これまでの取り組みを自己評価する機会としてもらう。子どもと親・家族が、取り組んだ成果を自己評価することによって、着実に家族再統合を進めていけるよう支援することが求められる。

【引用・参考文献】

厚生省児童家庭局家庭福祉課監修『児童自立支援ハンドブック』1998年、日本児童福祉協会

Ⅲ章
専門的支援による施設養護の実際

Ⅲ-1 社会的養護の体系とその内容

① 社会的養護の体系

　社会的養護の体系には、今日までわが国で中心的に行われてきた児童福祉施設で養護を行う**施設養護**があり、また一方で里親制度に代表される**家庭養護**がある。また図Ⅲ-1 のように、近年、**在宅養護**を含めて社会的養護の体系を表している。

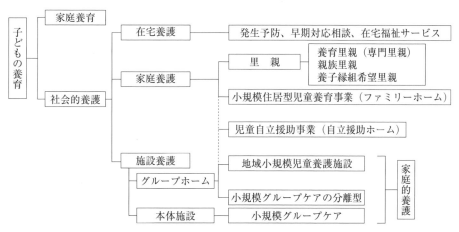

図Ⅲ-1　社会的養護の体系

（出所）小池由佳・山縣文治編著『社会的養護』ミネルヴァ書房、2016 年、57 頁。

② 社会的養護の支援展開と支援内容

　社会的養護の支援展開は、Ⅱ章の自立支援計画を立案する際に、それぞれの過程（プロセス）を以下のようにそれぞれ段階的にとらえている。

　　・アドミッションケア　→　インケア　→　リービングケア　→　アフターケア

①アドミッションケア

　アドミッションケアとは、施設養護および家庭的養護を開始する前後で、子どもや家族に対して行われるケアのことである。具体的には、入所についての説明や施設や里親への受け入れの準備等である。

②インケア

インケアとは、まさに子どもが施設に入所している期間に行われるケアすべてを指すケアのことである。例えば、子どもたちに提供される、安全で、安心、安楽な環境や学習環境等を含んだ生活支援やメンタル面でのケア等である。

③リービングケア

リービングケアとは、児童福祉施設等では、18歳以上になると就職等をして施設を退所することとなるが、退所後の自立した生活に向けたあらゆる準備のケアのことである。

④アフターケア

児童福祉施設等では、18歳を超えると退所しなければならない。リービングケアで退所に向けて準備してきたとしても、この社会においてさまざまな問題を抱えて生活をしていかなければならない。その問題を自らが解決することができないときには、相談や何らかの支援ケアが必要となる。そんな場合に施設等で**アフターケア**を受けたり、また、自立支援ホームを活用したりする。

　以上のような過程を踏まえて、入所児童の一連のケアがなされる。そしてそれぞれケアの目標を設定して、自立支援計画が立案されている。そして、家庭的養護、施設養護どちらにおいても同様であるが、社会的養護として基本的原理に基づいて、子どもたちへのあたりまえの生活支援として、①日常生活支援、②治療的支援、③家族再統合、④自立支援の4点の支援内容に大別できる。

①日常生活支援

　施設養護であれ家庭的養護であれ、子どもたちは、その年齢に応じた衣食住を中心とした日常生活を継続的に営むことになる。そして年齢に応じた教育を受け、年齢相応のあたりまえの生活を営むことになる。諸事情によって家族と離れ、施設養護、家庭的養護を受けることになっても、日常あたりまえの生活を営む権利があり、社会的養護はそれを支援することが重要である。

②治療的支援

　社会的養護を必要とする子どもたちは、何らかの理由により適切な養育が受けられない状況にある。例えば一番信頼していた親からの虐待等を受けて一義的責任を負う親と離れた生活を余儀なくされ、大人に対して、また人間に対して信頼することができなくなるくらいの、子どもにとっては相当な心理的ダメージを負うことになるのである。そのダメージを癒やす機能が社会的養護には必要である。また発達障害をはじめとする心身に障害のある子どもに対しても、その子どもの状況に応じた専門職による専門的ケアが必要となる。

③家族再統合

　児童の権利に関する条約第9条に、「児童がその父母の意思に反してその父母から分離されないことを確保する」とあるように、児童と父母との不分離の原則が規定されており、第18条にお

いては、「父母又は場合により法定保護者は、児童の養育及び発達についての第一義的な責任を有する」とし、締結国は、その責任を果たすべく援助しなければならないとされている。社会的養護を受ける子どもたちには、家族との関係を再構築できるように再統合への支援をしていかなければならない。その場合において、山縣氏の指摘として「子どもたちが家族の一員としてのアイデンティティを確認できる機会を保障する」（小池・山縣〔2016〕p. 124）とあるように、単に実際的な家庭復帰のみを意味するのではなく、家族関係の継続といった広範な意味での**家族再統合**までを視野に入れる必要がある。

④自 立 支 援

　自立とは、他者の力を借りずに自らの力だけで身を立てる意味でよく使われるが、社会福祉的観点からは、「自己決定に基づいて主体的な生活を営むこと」（「社会福祉事業及び社会福祉法人について〔参考資料〕」社会保障審議会福祉部会資料2、2004年4月20日）とある。換言すると、社会的人間として、この社会で私たちは、さまざまな人たちとの関係性の中で自らの生活を営んでいる。つまり自立支援とは、子どもたちが自己決定できるように子どもたちの意思が尊重され、彼ら自身で自己決定できるようにし、主体的な生活を営むことができるように支援することである。

　以上の4点を中心に子どもの最善の利益が尊重され、施設および家庭的養護の場で、あたりまえの生活を営むことができるようにしなければならないと考える。

Ⅲ-2　現在の社会的養護—施設養護の課題

　わが国における施設養護の形態は、多くの場合、**大舎制**であった。それは多くの子どもたちを多くのスタッフ（処遇職員）で支援してきた。2011年7月「社会的養護の課題と将来像」（児童養護施設等の社会的養護の課題に関する検討委員会・社会保障審議会児童部会社会的養護専門委員会とりまとめ）では今後の児童養護施設のあり方が示されている。その中でも、①施設の小規模化と施設機能の地域分散化による家庭的養護の推進、②本体施設の高機能化、③社会的養護の整備量の将来像等が示された。ここでは、①施設の小規模化と施設機能の地域分散化と、②本体施設の高機能化の2点を取り上げてみていくこととする。

①小規模化と施設機能の地域分散化

　施設では、できる限り家庭的な環境で、安定した人間関係のもとで養育されることを基盤として、「施設のケア単位の小規模化」がなされてきた。つまり、本体施設の定員を45人以下とする小規模グループケア化（オールユニット化）が進められてきた。そして地域に分散したグループホームや、家庭的養護としての里親、ファミリーホーム等をも包含して、施設自体を地域拠点として機能させることが図られてきている。

②本体施設の高機能化

　今日では、児童養護施設の約65.6％の入所児童は虐待を受けている。また一方心身障害状況の

調査で、「該当あり」として心身に何らかの障がいのある入所児童は、児童養護施設で 36.7 ％となってきており、前回調査（2013 年調査結果では、28.5 ％）よりは増加傾向にある（「児童養護施設入所児童等調査結果（平成 30 年 2 月 1 日現在）」より）。

　これらの状況に対し、施設での支援体制を強化し、施設の処遇機能を拡大することによって、今日の子どもたちや家庭が抱えるさまざまな問題に対応することになった。そのために、**家庭支援専門相談員、個別対応職員、心理療法担当職員**等々のより専門的なケアの知識や技術、技能を有した専門職職員が配置された。これらのことによって、より専門的見地から多様化し、高度化された種々の支援が提供されていると言える。

Ⅲ-3　児童養護施設

1　事例 1　無理やり連れて来られた小学生

　児童養護施設に勤務する保育士の山田恵子さん (32) が、土曜日の昼過ぎ、宿直明けの勤務が終わり、帰ろうと思って門を出たときのことだった。母親と思われる女性が小学 3、4 年生くらいの男児を無理やり引っ張り、施設内に入れようとしていた。山田保育士が「どうしましたか？」と尋ねると、母と思われる女性が、「この子は嘘ばっかりつくし、どうしようもないから、もう、施設へ入れようと思っています」「早く行きなさい。あんたなんか、家では無理だから、悪いことばかりして」「もう、一切知りません」といって、なおも、強引に少年を施設に入れようとしている。少年は泣きながら、「嫌だ、ごめんなさい」というばかり。騒ぎを聞きつけて、外で遊んでいた入所児童や職員がやってきた。

Q1　あなたがもし山田保育士だとしたら、この状況をどう思うか？　また、それはなぜか。

Q2　あなたがもしこの「母親と思われる女性」だとしたら、あなたはどうしてこのようなことをしているのか。また、それはなぜか。想像しよう。

Q3 あなたがもしこの少年だとしたら、今この状況でどのような心境か。また、それはなぜか。

Q4 あなたがもし施設長だとしたら、この状況に際しどのような対応をとるか。また、それはなぜか。

Q5 児童養護施設に入所するにはどのようなプロセスが必要か調べてみよう。

Q6 児童養護施設にはどのような理由で入所している子どもたちがいるのだろうか。

----

2 事例2 早く家に帰らせてほしいと訴える中1男児

　小学6年生の夏に施設入所した幸一くんは、施設へ来て1年になるが、担当者を見るたびに「早く、家に帰りたい」と訴えている。幸一くんは母子のひとり親家庭である。母と幸一くん、さらに、きょうだいが下に4人いるが、皆同じ施設に入っている。母はずっとシングルマザーで、きょうだいは皆父親が異なるようだ。母には軽度の知的障害があり、生活保護を受給し生活している。家事や子どもの世話については十分にできず、家の中はいわゆる「ゴミ屋敷」状態だが、

ネコが十数匹いる。ゴミとネコの中で子どもたちは暮らし、異臭を放っていた。子どもたちの衛生状況が非常に悪く、心配した地域の民生・児童委員や学校、保育所等が何度も市役所や児童相談所に児童虐待通告を行い、施設入所に至った。しかし、幸一くんは入所当初より、「早く家に帰りたい」と一貫して訴えている。家庭の養育環境は改善していないが、この母子は元来仲がよく、きょうだいも互いに面倒を見て助け合っている。幸一くんもとてもやさしい。ただ、地域の民生・児童委員や学校、保育所等は、「子どもたちが家に帰ってきても、また、すぐに元の状況になるので困る」「施設にいる方が幸せなはず」と家庭復帰には否定的である。児童相談所も家庭復帰は時期尚早と考えているようだ。幸一くんは、施設の担当職員との会話の中では、「もう学校に行きたくない」と訴えているようだ。学力は低位、児童相談所の医学所見では「ADHD および境界線級知能」と表記があった。

Q1 施設に入所している子どもにはどのような権利があり、それらはどのように子どもに伝えられているのだろうか。「権利ノート」とは何だろうか。

Q2 あなたがもし幸一くんだとしたら、今この状況でどのような心境か。なぜ、そこまで家に帰りたいのだろうか。想像してみよう。

Q3 幸一くんには今どのような支援が必要だと考えられるか。まず、施設の保育士として行うべき支援について考えてみよう。そして、それはなぜ必要なのかを考えよう。

Q4 幸一くんには今どのような支援が必要だと考えられるか。児童相談所として、行うべき支援について考えてみよう。そして、それは、なぜ必要なのかを考えよう。

・・・

・・・

・・・

③ 事例 3-1　生活習慣と社会性を身につけさせるために

　小学6年生の鈴木太郎くんは、弟の小学4年生の次郎くんと共に、最近、児童養護施設に入所してきた。家庭ではほぼ放任状態で生活してきたため、よくいえば「自分たちのことは自分たちでする」、悪くいえば「むちゃくちゃ」という感じである。まず家庭では、朝は9時半頃まで寝ていることもあり、昼前に学校に行き給食を食べるという生活であった。学校から帰ってくると、近くのゲームセンターに19時頃までおり、その後コンビニでおにぎりなどを買いながら2人で帰宅、宿題は一切していない。学力はどちらも低く授業についていけなかった。担当の児童指導員は入職2年目の男性 (25) である。まずは生活習慣を見直し社会性を身につけさせるよう、厳しく指導する必要があると思い、挨拶、早寝、早起き、朝ご飯、宿題と、かなり口やかましく指導してきた。2週間ほど経ったある夜、歯磨きをしていない太郎くんに、担当の男性職員が「早く歯磨きをして寝なさい」と注意した。しかし、太郎くんは「うるさい」といい、マンガを読み続けていたため、担当職員は「いい加減にしろ」と洗面所に引っ張っていこうとした。そこで太郎くんは、「なんで、おまえにいわれなきゃいけない、死ね」といい返した。担当職員は、「おまえ、誰に向かっていっているんだ、この野郎」といい、太郎くんの襟首をつかんですごんでみせた。すぐに太郎くんは「すみませんでした」と謝っていた。この状況を近くで見ていた新人保育士 (19) は、一瞬「やりすぎじゃないか」とも思ったが、「はじめが肝心だから厳しくするところは厳しくしないとだめだな。今までほったらかしにされてきたから、甘やかすと結局子どものためにならない。太郎くんがんばれ」と思った。

Q1 あなたがもし新人保育士だとしたら、この状況をどう思うか。また、それはなぜか。

・・・

・・・

・・・

Q2 あなたがもし太郎くんだとしたら、この状況をどう思うか。また、それはなぜか。

・・・

・・・

・・・

4 **事例 3-2　甘やかしてはいけない**

　ある夜、新人保育士が宿直の夜に、同じような場面があった。新人保育士は何度も太郎くんに歯磨きを促したが、従わなかったため、同じように強引に洗面所まで引っ張っていった。すると、太郎くんは「おまえ、キモイ、何するんだ、このブス、キモイ、最悪」といいながら、暴れ、蹴ってきた。新人保育士は行動を抑えようとしたが、腹部を蹴られ、うずくまってしまった。ほどなく騒ぎを聞きつけ、他の職員が駆けつけて来た。太郎くんは興奮が収まらない様子であった。

Q1　どうしてこのような状況になったのか、あなたなりに考えてみよう。

....
....
....
....

Q2　注意を促しても聞き入れない子どもには、どのようにアプローチしたらよいだろうか。

....
....
....
....

Q3　そもそも児童養護施設の目的や機能とは何か、確認しよう。

....
....
....
....

5 **事例 4　家庭復帰を目指す小 2 女児**

　小学 2 年生の和美さんは、小学校就学前に児童養護施設に入所している。母子ひとり親家庭で、母は前夫の借金を負わされ、3 つの仕事をかけもちしながら生活をしていた。入所後 2 年半になるが、母は、小学 3 年生になるまでには、和美さんを引き取りたいと考えているようだ。心配な点は、母が前夫から過去に DV を受け、その後遺症のため、今でも時々フラッシュバックが起きることがあるということである。そんな矢先、小学校の担任から「和美さんが小 3 から転校するのは本当ですか」と連絡が来た。和美さんが学校でクラスの友達に語っていたというのだ。担当

の保育士はびっくりして担任に状況を話し、和美さんとも話をもった。

Q1 和美さんはクラスの友達に「小３から転校する」等、伝えていたようだが、なぜそんなことをいったのだろうか。

_____

_____

_____

_____

Q2 母は和美さんを小３までに家庭に引き取りたいと願っているようだ。和美さんが家庭に戻るためには、どのような状況になることが望ましいだろうか。

_____

_____

_____

_____

Q3 入所児童が家庭復帰を目指す場合、どのようなプロセスを通して家庭復帰に至るだろうか。想像してみよう。

_____

_____

_____

_____

Q4 和美さんが家庭復帰した後、どのようなことが心配されるか。その心配に対して、どのような支援が求められるか。

_____

_____

_____

_____

6 そだちとすだち 児童養護施設での生活

　生活とは衣・食・住にかかわる。さらに子どもにとっての生活は、学校教育や余暇の過ごし方、友達との関係等、憲法に保障された健康で文化的な生活の保障やプライバシーの保障が求められる。家庭に代わる生活の場として、その実態はどうなっているのか想像してみよう。例えば、以下の質問について考えてみよう。

Q1　児童養護施設では服を買ってもらえるのだろうか。

Q2　児童養護施設では好きな食事をつくってもらえるのだろうか。

Q3　児童養護施設ではテレビゲームができるのだろうか。

Q4　児童養護施設ではお小遣いをもらえるのだろうか。

Q5　児童養護施設ではスマホ等をもてるのだろうか。

Q6 児童養護施設では塾や習い事に通えるのだろうか。

Q7 児童養護施設ではバイトをしてもよいのだろうか。

Q8 児童養護施設では自分だけの部屋があるのだろうか。

Q9 児童養護施設では学校にもっていくお弁当は誰がつくるのだろうか。

Q10 児童養護施設では定期的に親やきょうだいと電話したり会ったりできるのか。

Q11 子どもたちは、児童養護施設での生活や職員に対して不満がある場合、誰に相談すればよいだろうか。

----

7 そだちとすだち　事例5　手紙「進路選択と自己実現」

　私は公立高校2年生の山口遥です。小学校就学前から地方の児童養護施設で生活をしています。高校入学時より、大学への進学の話はよく出ていますが、まだ早いと思いあまり考えてこなかったのです。でも、高2になり、いよいよ考えていかないといけません。私は生物が好きで、できれば京都大学の山中教授のように、細胞や遺伝子の研究をして世の中に役に立つことができたらよいなあと考えています。クラスの友達は、もちろん皆大学に進学します。でも、私は児童養護施設の子、この施設から大学へ進学した人は、これまでにほとんどいないようです。何より地方の田舎なので、都会に出て行かないと大学がないため、下宿するアパート代もかかるのです。この施設から大学に進学した方は、10年くらい前のことで、保護者に頼んでお金を出してもらったらしいのです。私には頼る人がいません。施設の同学年の子は、私以外に3人いますが、皆就職します。施設を出たら就職するのがあたりまえなんでしょうか。私は進学したいです。何か方法はないものでしょうか。

Q1 児童養護施設から大学へ進学することは可能なのか。その場合、どのようなことが課題として出てくるだろうか。

Q2 遥さんが進学するために、どのような方法があるだろうか。

Q3　自分自身について考えてみよう。大学の学費、生活費はいくらかかるのだろうか。それに対して奨学金やアルバイト、親からの援助はどうだろうか。自分自身について考えてみよう。

①受験にあたって
あなたが、大学受験に際しかかった受験料の総額（　　　　　　）万円
あなたが、大学受験に際しかかった宿泊料、交通費の総額（　　　　　　）万円
総合計（　　　　　　）万円

②現在のあなたの支出（ひと月当たり）
学費（設備費等含む）年間（　　　　　　）万円÷12か月＝ひと月当たり（　　　　　　）万円
家賃ひと月当たり（　　　　　　）万円
光熱費ひと月当たり（　　　　　　）万円
通信費ひと月あたり（　　　　　　）万円
娯楽・交際費ひと月あたり（　　　　　　）万円
その他ひと月あたり（　　　　　　）万円
ひと月当たりの支出総合計（　　　　　　）万円

③現在のあなたの収入（ひと月当たり）
アルバイト収入ひと月あたり（　　　　　　）万円
奨学金給付型ひと月あたり（　　　　　　）万円
奨学金貸与型ひと月あたり（　　　　　　）万円
親からの仕送りひと月あたり（　　　　　　）万円
その他のひと月当たりの収入（　　　　　　）万円
ひと月当たりの収入総合計（　　　　　　）万円

Q4　Q3で行った経費の計算を通して、感じたことを記しておこう。

〈解説〉
事例1「この状況をどうみるか」
　まず、児童養護施設は地域からどのようにみられているのだろうか。長年、その地域にある施設や新しくできた施設、住宅地や人里離れた場所などによる違いもあるだろう。そもそも、自分

自身が児童養護施設に入所したことがある人や、小中学校区に児童養護施設があって友達もいたという人を除けば、児童養護施設についてあまり知識がないのがあたりまえかもしれない。つまり、多くの人は児童養護施設について、ドラマやアニメ、ニュースを見て知っているという程度にしか知らないのである。保育士養成課程の実習でも、児童養護施設に行かず他の種別の施設に実習に行くこともある。ましてや一般には、どう認知されているだろうか。地域にはさまざまな人がおり、偏った知識から、児童養護施設は「悪いことをした子どもたちのいる施設」や「犯罪者の子どもたちのいる施設」「親から虐待を受けた、かわいそうな子どもたちのいる施設」などと思われている場合もある。今、国の施策上、児童養護施設は小規模化が進んでいるが、地域には、自分の家の近くによくわからないグループホーム等の施設ができることに対して反対する声も少なくない。住民に正しい理解を求めるためには、職員、入所児童と地域の住民との交流が日頃から欠かせないのである。

　さて、事例1のようなケースは、児童養護施設等でたまにみられることである。親の中には子どもが何度も悪さをするので二度と悪さをさせないための戒めとして連れてくるようなケース、背景に日常的な児童虐待が疑われるケース等さまざまであるが、いずれにせよ、制度上、児童養護施設には直接入所はできない。児童養護施設の職員は、このような状況の場合、親子に対していねいなかかわりと、関係機関につなぐ役割が求められる。市町村や児童相談所と連携をとることで、すでに要支援児童として支援を受けているケースであると判明することもある。親は、どうしてそこまで強引に子どもを施設に連れてこようとしているのか、そのとき、子どもはどんな思いに至っているのだろうか、この状況を見ていた入所児童たちはどんな気持ちだっただろうか。いずれも、もし自分だったらと考えることが、支援を考えるうえで大切である。つまり、支援には想像力が求められる。

　厚生労働省「**児童養護施設入所児童等調査結果**」(2018年)によると、児童養護施設では、親による「放任・怠だ」「虐待・酷使」「棄児」「養育拒否」が45.2％を占めるが、実際には多くの入所事例において施設入所に至る理由は単一ではなく、複合した家族問題が存在する。

事例2　「アドミッションケアの重要性」

　児童養護施設等では、入所前後のケア段階のことを**アドミッションケア**という。

　さまざまな状況により、子どもたちは、家庭や地域を離れ児童養護施設に入所する。大人は、子どもたちがどれほどの不安や緊張を生じるか、想像する必要がある。また、親の立場からも考えてみる必要がある。児童の権利に関する条約第9条では、親子分離そのものが子どもの権利侵害であると記されている。しかし、一時的に親子分離をしないと子どもの養育環境が守られない場合に限り、日本では児童相談所が行政処分である入所措置を行う。したがって、施設の職員は、児童相談所などと連携をとりながら、入所に際して親子の不安軽減を図っていかなければならない。

　「**児童相談所運営指針**」第4章第6節1では、「入所型の児童福祉施設等への措置については、子どもを家庭から引き離して新しい環境に置くので、これまで育んできた人間関係や地域環境への配慮などケアの連続性の確保に配慮するとともに入所又は委託の期間を定める等適切な対応を行う」としている。子どもを児童福祉施設等に措置する場合には、子どもや保護者に措置の理由等

について十分な説明を行うと共に、入所または委託させようとする児童福祉施設等の名称、所在地、施設の特色、措置中の面会や通信の制限及び措置中の費用に関する事項について子どもや保護者に連絡する。また、子どもが有する権利や施設生活の規則等についても子どもの年齢や態様等に応じ懇切に説明すると共に、子ども自身がいつでも電話や来所等の方法により児童相談所に相談できることを連絡し、施設における苦情解決の仕組みや社会福祉協議会に設置されている運営適正化委員会への苦情の申し出などについても説明する。なお、これらの説明を行う場合には、当該施設等の写真やパンフレット等を活用するなど、わかり易い媒体手段を工夫すると共に、必要に応じ事前に子どもや保護者に当該施設等を見学させるなど、子ども、保護者の不安を軽減するための十全の配慮を行うこと。また、すでに一部都道府県で行われているいわゆる『児童の権利ノート』の活用等も考えられることとしている。

2020 年、世界各地で新型コロナウイルスの感染拡大防止のため外出制限等が出されたが、先の見えない不安や期限の決まらないことに対して、人はストレスを感じる。施設入所に際しても、なぜ、何のために、いつまで児童養護施設にいるのか、どうすれば家庭に戻れるのか等、権利擁護の視点からていねいに説明する必要がある。そのことが、子どもの安定した生活にもつながる。

児童相談所や施設としては、「十分に説明した」と思っていても、子どもには伝わっていないこともあるかもしれない。幸一くんは施設に来て 1 年が経つが、いったいどうなれば家に帰ることができるのかを、どのように、誰が幸一くんに伝えるか、施設の職員は児童相談所の職員と協議しなければならない。第三者によるアドボカシー機能の活用も重要だ。そして何よりも、「家に帰りたい」という幸一くんの思いを、しっかりと受容しなければならないだろう。保護者と児童の通信制限がない場合は、電話等で保護者が「早く帰っておいで」等と子どもに伝えていることもあるかもしれない。そのような場合は、親の「思い」と「現実」について、保護者とも再確認する必要がある。分離、断絶が目標ではなく子どもを中心に置き、家庭復帰や家族再統合というゴールに向けた協働が求められる。

事例 3 児童養護施設とケアワーカーの役割

児童養護施設に入所する児童の背景はざまざまである。複雑な家庭環境の中、虐待を受けた子どもたちも多く入所している。彼らの特徴について、「児童養護施設運営ハンドブック」では以下のような子どもたちに共通した課題をあげている。

> ・基本的な生活習慣が身についておらず、基本的な生活においてやるべきことができない。
> ・自己中心的な言動があり、挑発的かつ攻撃的になる。
> ・感情のコントロールが苦手である。
> ・忍耐力や集中力に欠け、学習意欲も低い。
> ・消極的で自分を守るのが精一杯で、何事にも意欲が感じられない。
> ・自分に自信が持てず、自己肯定感が乏しい。

これらは、児童養護施設の生活の中で観察される事象である。保育士や児童指導員はケアワーカーと呼ばれる専門職である。専門職は、これらの事象の背景をていねいに読み解き、共感的に理解することが必要である。そのうえで、どのようにアプローチするのかを考えることが求められる。すなわち、本事例のように、「注意しても聞かない」状況の子どもに、強引に職員のいうこ

とを聞かせる手法は、彼らが家庭の中で、ときに親から用いられた暴力的手法と同様であり、**「被措置児童等虐待」**でもある。

　児童養護施設では、生活習慣や社会性の獲得以前に、安心できる場を保障し、担当者と子どもがいかに信頼関係を形成するか、子どもが愛されていると実感できるようなかかわりが求められる。もちろん、虐待を受けた子どもたちが容易に人を信用しうるわけではなく、とりわけ現場経験の浅いケアワーカーには、ベテランのケアワーカーから**スーパービジョン**（専門的助言）を受けたり、医師や心理職等からコンサルテーション（他職種からの助言）を受けたりすることも必要である。

事例4　アセスメントとプランニングに基づく支援

　社会的養護におけるアセスメントとは、子どもや家庭の状態や背景について、さまざまな角度から情報を収集し、分析することである。例えば、児童相談所では、その専門性に基づき入所が必要になる子どもについて、児童福祉司による社会診断（調査）、児童心理司による心理診断（判定）、医師による医学診断、一時保護所職員（児童指導員、保育士など）による行動診断（観察）等によって総合的にアセスメントし、入所後の援助指針を作成している。施設では、この児童相談所が作成した援助指針に基づき、一定期間、養育、観察を行った後、**自立支援計画**を作成する。子どもとその家庭の状況はさまざまであり、早期に家庭復帰が想定されるケースや、18歳で退所をするまで施設での生活が想定されるケースなどである。

　厚生労働省「社会的養護関係施設における親子関係再構築支援ガイドライン」（2014年）では、以下のような点をあげている。

①施設における自立支援計画策定の手順について
・児童相談所の児童票等の入所時までの情報に、数か月間の施設生活で得られた新たな情報を加えて、再アセスメントを行う。
・子ども本人、保護者、児童相談所および関係機関の意見や協議などを踏まえ、計画を策定する。
・施設と子ども本人、保護者、児童相談所の四者で支援目標と支援方針を確認し、計画を共有する。
・目標や支援内容等を定期的にアセスメントして、計画の見直しを行う。

②自立支援計画策定の留意点について
・子ども本人、保護者の意向を尊重する。乳幼児であっても可能な限り聴取する。
・短期目標は概ね1か月から3か月程度で達成し進展するような目標である。
・長期目標を達成するためにより具体的な目標として短期目標を設定する。
・子ども・家庭・地域社会の3つの側面からの視点をもつ。
・子どもや家族の課題と共に、もっている強み（ストレングス）に注目する。

③施設における親子関係の再構築に向けた子どもへの支援について

・安全・安心な予測のできる日常生活を提供し、日々の養育を充実させる。

・何が家庭で起こっていたのかを聞き取り、入所理由と家族との今後の交流の見通し（家庭復帰も含む）について説明する。

・担当職員が中心となって、子どもとの信頼関係をつくり、安定したアタッチメント形成（不安なときに助けを求めたら受けとめられて安心を得られる）を促す。

・不適切な養育の心身の発達への影響をアセスメントして、足りない体験を補い、トラウマなどに起因する情緒行動上の問題に対しての治療・支援を行う。

・生い立ちや親との関係について子どもがこころの整理をして、否定的な自己イメージの修正や肯定的な家族イメージの醸成を図り、未来に向かっていく力を得られるよう支援する。

④施設における親への支援

・親と協働関係を形成し、親子再構築支援の見通しを示す。親も支援プラン作成にかかわる。

・協働養育者として親を尊重し、親との信頼関係を築き、施設が親の安心できる居場所になるように支援する。

・親の抱えている問題を理解し、他機関と連携して親が経済的にも社会的にも心理的にもゆとりを取り戻せるよう支援する。

・親自身が精神的な問題（未解決なトラウマ体験や衝動コントロールや精神医学的な問題など）を有している場合は、治療の必要性の自覚を促し、児童相談所と連携して治療につなげる。

・養育の振り返りを共にし、子どもに与えた影響を理解し、子どもとの関係改善への動機づけを行う。

・具体的な養育方法について学べるように、モデルとなって示したり、ペアレントトレーニングを実施したりして教育的な支援をする。

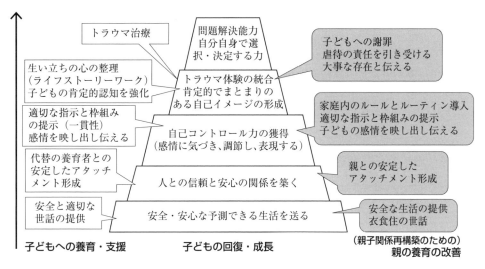

図Ⅲ-2　子どもの回復過程と親子関係の再構築

（出所）厚生労働省「社会的養護関係施設における親子関係再構築支援ガイドライン」2014年、2頁。

児童養護施設では、保育士のほか、児童指導員、家庭支援専門相談員（ファミリーソーシャルワーカー）、心理療法担当職員、里親支援専門相談員、栄養士等がそれぞれの専門性に基づき支援を行っているが、家庭復帰や親への支援には、担当職員と共に家庭支援専門相談員（ファミリーソーシャルワーカー）がソーシャルワークの理論と方法を活用し、関係機関と連携しながら支援している。家庭復帰後、何らかの状況によって再度家庭環境が危惧され、児童相談所で再受理、施設に再入所するような事例もみられる。そのため、家庭復帰後も施設がアフターケアを行ったり、児童相談所、市町村関係機関、学校、保育所等が計画的にモニタリング（経過の観察）を行う必要がある。

そだちとすだち　児童養護施設からの大学等進学

　現在、一般家庭と児童養護施設に入所する者の高等学校進学率については、おおむね差がなくなってきている。しかし、高校卒業後の大学等へ進学率は依然として大きな差がみられる。例えば、2017年度末に高校を卒業した児童養護施設出身者の進路をみると、6割以上が就職し、大学等へ進学する者はわずか1.5割程度である。国は、2015年度から、児童養護施設等を退所した者に対して、一定期間の就業継続により返還免除となる「自立支援資金貸付制度」を開始した。また、「社会的養護自立支援事業等」を実施し、移行期の子ども・若者支援に力を入れ始めている。しかし、これらはいずれも一定の条件がつき、すべての退所者がその支援の対象となっているわけではない。また、2020年度からは、「高等教育の修学支援新制度」が創設され、これまで進学を断念していた施設生活者も進学への道に希望がもてるようになった。しかし、生活への支援も並行して行っていかなければ、学業継続が難しくなり大学等を中退し、「挫折」と「負債」を背負うだけではなく、社会的孤立へと向かっていくことになるだろう。日本では、2004年から社会的養護各施設において、「当該施設を退所した者に対する相談その他の援助を行うこと」、つまり「アフターケア」が義務化されたが、職員間、また施設間、地域間の格差が大きく、すべての退所者をサポートできる状況にはない。また、国の社会的養護に関する方針が家庭的な養育に大きく転換する中、里親等による養育を終えた若者に対するアフターケアはさらに課題が大きい。

　本事例は、大学進学を希望しながらも経済的理由を中心に大きな不安を抱いているケースである。とりわけ、就職や進学をする際、これまでの居住地を離れ、他府県（とりわけ都市部）に移住する者もおり、退所者に対する社会的サポートが求められる。

Ⅲ-4　乳　児　院

1　事例1　若年の妊娠出産

　亜美さん（17）は、定時制高校2年生のときに妊娠したが、不特定の男性と交際していたため、父親ははっきりしていない。それでも亜美さんは、子どもは欲しいと出産を決意、シングルマザーとして熱心に子育てをしていた。しかし、経済的には厳しく、高校を退学し、彩音ちゃん（0）を亜美さんの母（39）に預け、昼も夜も働く生活をしていたが、亜美さんは体調を壊すことも多かった。そんな折、子どもの面倒をみてくれていた亜美さんの母にがんが見つかり、入院治療の必要が出てきた。そこで亜美さんは、市の家庭児童相談室の勧めもあり、児童相談所を通して、

彩音ちゃん（3か月）を乳児院に入れること（同意による入所措置）を決意した。

亜美さんはなるべく早く彩音ちゃんを引き取りたいと思っている。

Q1 乳児院で生後3か月の彩音ちゃんを受け入れるに際し、母の亜美さんに確認しておくべきことはどのようなことか。

Q2 乳児院の保育士は、母の亜美さんに対して、どのような姿勢や態度でかかわり、どのような支援を行っていくべきか。

Q3 乳児院にはどのような専門職がいるのだろうか。

Q4 亜美さん（母）が彩音ちゃん（娘）を引き取るためには、どのような状況が求められるか。

2 **事例2　一時保護から措置に至った事例**

　母（23）は中学生以降、精神的に不安定で、拒食と過食を繰り返し、リストカット等自傷行為がみられた。また、気に食わないことがあると大量の風邪薬を飲んで救急搬送されたこともあった。21歳のときに、20歳年上の彼氏と出会い、妊娠、どうしても子どもを産みたいということで出産したが、彼氏とは婚姻関係にない。乳児は、今2か月になり、母子はアパートに住み生活保

護を受け生活している。親族からの支援は一切ない。市の保健センターは特定妊婦として妊娠期より支援を行っているが、最近、保健師に対して援助を拒む発言が多くみられる。一方、以前から通う精神科医師には一定の信頼をおいており、子育てについても相談している様子だ。この医師によると、母は本児出生後、拒食状態が続き、授乳等のケアは何とかしているものの、健康状態が危惧されるとして、児童相談所に通告したという。児童相談所はこれを受け、母に一時保護を提案。母はしぶしぶ同意し、乳児院での委託一時保護が行われた。

　当初、委託一時保護の期間は3週間ということだったが、母の状態があまり改善しないため、児童相談所は、入所措置に切り替える提案を母に行った。しかし、母は激しく拒絶し、保健師、医師を含めすべての関係機関と絶縁状態に入り、乳児院を突然訪問し子どもを奪い返そうとした。児童相談所では、児童福祉法第28条を視野に入れ、母と面接をもったが不調に終わる。母子の行く末が心配されたが、最終的に乳児院のベテラン施設長との話し合いで母は納得し、児童相談所から措置による同意入所の手続きに至った。

Q1 一時保護とは何か。どこが何のためにどれくらい、誰を、どこで一時保護するものか調べてみよう。

Q2 「措置」による入所とは何か。また、児童福祉法第28条はどのようなことを規定しているのか、調べてみよう。

Q3 乳児院に入所する家庭の状況はどうなっているだろうか。入所理由として考えられる保護者の状態について考えてみよう。

----

③ 事例3 里親になりたい

川本祐樹さん（40）、尚子さん（36）には実子がいない。県の里親募集のチラシを見て、特別養子縁組を前提に子どもを預かりたいと思って研修を受け里親登録も行ったが、約1年待っても話がなかった。そんなある日、児童相談所から電話があり、現在、やまびこ乳児院に入所している幸太郎くん（1歳3か月）の養育里親になってもらえないかと相談があった。早速、夫妻はやまびこ乳児院を訪問し、少しずつ幸太郎くんとの交流をもち、乳児院の里親支援専門相談員、児童相談所の里親担当者と面談を重ねた。徐々に川本夫妻と幸太郎くんは関係を深め、やがて外出や外泊を経て、夫妻は、幸太郎くんが1歳7か月のときに養育里親として乳児院から養育をバトンタッチされた。夫妻はその後も、乳児院で開催されている里親サロン等に定期的に通っている。幸太郎くんはもうすぐ2歳になるが、夫妻は、幸太郎くんがこれまで以上に元気に走り回っている一方で、遊びに夢中になると呼びかけても応えないことや、言葉の遅れを気にしている。また、実母との関係をどうとらえていけばよいか悩んでいる。夫妻としては、将来的にも、ずっと幸太郎くんに家庭にいてほしい、そしていつか特別養子縁組をしたいと願っている。

実母は、精神疾患が主な理由で、生後3か月のときに幸太郎くんを乳児院に預けて以降、行事のお知らせをしても返事もなく、面会や外出、外泊もほとんどない状況が続いていた。このたびの措置変更の承諾についてようやく連絡がとれたが、「お任せします」と簡単に返答し、実子への関心は見られなかった。

Q1 幸太郎くんは、なぜ児童養護施設ではなく、里親へ措置変更されたのだろうか。可能性を想像してみよう。

Q2 里親への措置変更を検討する児童について、乳児院で留意すべきことはどのようなことだろうか。

Q3 里親への措置変更後に乳児院は幸太郎くんと里親夫妻にどのようなことができるだろうか。

Q4 里親が子育てに疲れた場合等、幸太郎くんが元いた乳児院に一時的に預かってもらうことはできるのだろうか。

---

④ 事例4 児童養護施設への措置変更

　乳児院に在籍する直人くん（2歳）は、3か月後に児童養護施設への措置変更を予定している。1歳のときに母からのネグレクトにより入所して1年、入所当初は乳児院での生活になじめず泣いていることが多かったが、今はお兄さんになりしっかりしている。母親は、児童養護施設への措置変更を望み、現在の乳児院とは離れた別の地域にある児童養護施設に移ることが決まった。担当の田中保育士は、「寂しいけど、直人くんならしっかりしているし、場所が変わっても平気だよね」と直人くんにいっている。直人くんも「ぼく、へいき、へいき」といって走り回っていた。

　さて、いよいよ移送の日、田中さんは、乳児院の施設長に、「寂しいだろうけど、田中さんがついていったら、ややこしいから、児童相談所に人に任せましょう」といわれ施設の前で、直人くんと別れ、児童相談所が用意した車に直人くんがひとり乗り、児童養護施設へ向かった。母の立ち合いもなかった。

　あれから、10年経つが、田中さんは直人くんには一度も会っていない。最近、ふと、田中さんは、直人くんのことを思い出した。今、直人くんは、どこで何をしているのだろうかと。

Q1 もし、あなたが直人くんだとしたら、この状況をどのように感じるだろうか。

Q2　養育の環境が変化することに対して、保育士はどのような配慮が求められるだろうか。

Q3　乳児院から児童養護施設への変更は、ある日突然行われるのだろうか。もしそうだとしたら、子どもにどのような影響があるだろうか。

Q4　直人くんが将来、自分の生い立ちをたどり、乳児院を訪問することはできるのだろうか。それは、直人くんによいことだろうか、よくないことだろうか。

----

5 事例 5　地域の子育て支援としてのショートステイ

　京香ちゃん (2)、悠馬くん (4 か月) のきょうだいは、先月、父子家庭になったばかりである。父はトラックの運転手をしており毎日忙しいようだ。親族からの支援はない。地域の保育所やひとり親に対する日常生活支援事業、ファミリーサポート事業などを活用しながら、何とか就労と子育ての両立を行っているが大変そうだ。保育所の保育士に対して、父から「来週、遠方までいく仕事で帰宅が夜中になる。子どもは連れて行けないし、誰も子どもを預かってくれない。どこか、子どもを預かってくれるところを知りませんか?」と相談があった。保育士は状況を聴き、園長に尋ねたところ、乳児院でショートステイをやっているところがあるとわかった。父は早速、手続きを行い、きょうだいは乳児院で 1 泊過ごした。

Q1　ショートステイとは何だろうか。利用にはどのような手続きが必要か。

Q2　あなたの居住する地域でショートステイを行っているところがあるか調べてみよう。

〈解説〉

事例1　乳児院の機能とケアワーカーの役割

①転換期の乳児院に求められるもの

　児童福祉法第 37 条において、「乳児院は、乳児（保健上、安定した生活環境の確保その他の理由により特に必要のある場合には、幼児を含む。）を入院させて、これを養育し、あわせて退院した者について相談その他の援助を行うことを目的とする施設とする」と規定されている。なお、児童福祉法第 4 条では、「乳児」とは、満 1 歳に満たない者、また「幼児」とは満 1 歳から小学校就学の始期に達するまでの者をいう。2018 年 3 月末現在、乳児院は、全国に 140 か所設置されている。

　2017 年に厚生労働大臣の私的諮問機関として「新たな社会的養育の在り方に関する検討会」が出した、報告書「新しい社会的養育ビジョン」では、(1) 就学前の施設新規措置入所の原則停止、(2) フォスタリング機関事業を全国整備すること、(3) 3 歳未満はおおむね 5 年以内に里親委託率 75 ％以上にすること、(4) ケアニーズが高く施設ケアが不可欠な場合は小規模・地域分散化された養育環境でケアを行い、その滞在期間は原則として乳幼児は数か月以内とすること、(5) 乳児院は専門性を高め、乳幼児とその親子関係のアセスメント等、里親・養親支援を地域で担う存在として多機能化・機能転換し、その機能に合った名称に変更すること等が記された。このような社会的養護における里親養育推進の影響を受け、今、乳児院は大きな転換期を迎えている。

　事例 1 では、「亜美さんはなるべく早く彩音ちゃん（3 か月）を引き取りたいと思っている」という一文がある。乳児院にはさまざまな背景や状況の乳幼児が入所しているが、地域家庭での養育をベースに一時的に養育を代替する養育里親が足りない現状や、乳児期という医療的ケアニーズが高い時期の代替的養育を考えると、地域において乳児院は重要な社会資源であることがわかる。

②健 康 状 態

　この世に生を受けてわずか 3 か月の赤ちゃんを保護者に代わって預かり、ケアしていくためにはどのようなことを確認しておく必要があるだろうか。とりわけ、健康状態に関する情報は必ず

把握しておかなければならないだろう。妊娠週数、出生時の異常、出生時の身長・体重、現在の身長・体重、アレルギーの有無、既往歴、投薬状況、予防接種の状況等は必須である。

　乳児院に入所する3割の児童に何らかの心身の疾病や障害がみられることから、入所児の医療的ケアニーズは高い。そのため、乳児院の職員配置は看護師がベースに考えられており、保育士や児童指導員が看護師に代わってケアを行うことができるものの、乳幼児10人の乳児院には看護師を2人以上、乳幼児が10人を超える場合は、おおむね10人増すごとに1人以上の看護師を置かなければならないことになっている。したがって、保育士は児童の食事（授乳、離乳食等含む）、排せつ、衣服の着脱、入浴、睡眠という生活全般のケアと共に、医療スタッフの指示のもと、入所児の健康を維持するため、日々観察することが求められる。本事例においても、ソーシャルワークでいう「インテーク」機能として、母への受容的かかわりと本児の健康状態についての的確な把握が求められる。

③関係機関との連携

　本事例のように、児童福祉法による同意入所の場合、面会、外出、外泊、退所の条件や時期等については、保護者および措置権をもつ児童相談所、関係機関を含め十分に確認しておく必要がある。

事例2　入所に至る状況

①一 時 保 護

　児童福祉法第33条第1項において、児童相談所長は必要に応じて、その権限を行使し、「児童の安全を迅速に確保し適切な保護を図るため、又は児童の心身の状況、その置かれている環境その他の状況を把握するため、児童の一時保護を行い、又は適当な者に委託して、当該一時保護を行わせることができる」としている。また、同法第12条の4において、「児童相談所には、必要に応じ、児童を一時保護する施設を設けなければならない」と規定されている。しかし、全国のすべての児童相談所に一時保護所が付設されているわけではない。また、乳児を一時保護できる設備や人員体制を確保するところはなく、従来、0～2歳までの乳幼児は病院や乳児院を中心に一時保護委託が行われてきた。通常は、児童養護施設等では、入所措置に入る前に、総合的なアセスメントの一環として、一時保護所において一時保護が行われることと比べると、乳児院は、入所措置と共に一時保護委託が多いのも特徴であり、とりわけ緊急一時保護の場合は、児童相談所等の関係機関と綿密に情報交換と保護者への対応について共通した理解と対応をもって臨む必要がある。

　なお、一時保護は、同法第33条第1項の通り、児童相談所長の権限により、「適当な者」に委託することが可能であるため、里親委託の推進に伴い、今後、これまで以上に里親への委託一時保護も増加するものと思われるが、夜間等に緊急一時保護に至る場合等では、乳児院のもつ組織力や専門性が求められるため、引き続き児童相談所からの委託一時保護のニーズは継続してあると思われる。本児事例では、母の同意の上に一時保護を行っているが、子ども自身や親の意に反して、子どもの安全を守るため一時保護が行われる場合がある。なお、一時保護は児童の行動制限を伴うため、権利擁護の観点から原則として2か月以上にならないよう児童福祉法上規定され

ている。

②保護者の精神疾患

「児童養護施設入所児童等調査の概要（平成 30 年 2 月 1 日現在）」によると、乳幼児が乳児院に入所する最も大きな理由は、「母親の精神疾患等」である。本事例も、精神科に通院する事例である。統合失調症や気分障害、パーソナリティ障害等の疾患の中には、急激に家事、育児能力が落ち、子の養育が心配される事例や、自傷行為や希死念慮を伴う場合もある。とりわけ乳児をもつ保護者の場合には、虐待のリスクが高まることが指摘されており、地域の中で、精神疾患のある保護者への支援が求められている。

③児童福祉法第 28 条による入所

通常、児童相談所は、虐待ケースであっても、今後の保護者との相談関係を維持するために、同意による施設入所を提案するが、本事例のように、保護者が子どもの施設入所を拒否する場合もみられる。

児童福祉法第 28 条では、「保護者が、その児童を虐待し、著しくその監護を怠り、その他保護者に監護させることが著しく当該児童の福祉を害する場合において、第 27 条第 1 項第 3 号の措置を採ることが児童の親権を行う者又は未成年後見人の意に反するとき」は、都道府県は、「家庭裁判所」の承認を得て入所措置をとることがある。その場合においては、家庭裁判所の承認が出るまで、乳児院で委託一時保護が続けられることがある。また家庭裁判所の承認が出たあとも、児童の所在等については、児童相談所等と共に、安全の確保に努めなければならない。

事例 3　里親への養育のバトンタッチ

①乳児院の特性と制度上の限界性

乳児院は、さまざまな事情から家庭での養育が困難な乳幼児の養育を専門的に担う入所型の生活施設である。人生の中で最も重要な乳幼児期のケアには、十分な受容と応答による働きかけや生活全般にわたる心身のケアが求められる。そして、そのケアを行う関係性の中から、乳幼児は養育者に対して愛着を抱き、他者信頼のベースを築く。一方、「乳児院」という名の通り、乳児院は乳児および特別にケアの必要な幼児の養育機関であり、入所児童はおおむね 2〜3 歳までに家庭復帰するか、里親や児童養護施設等に措置変更になる。つまり、乳児院に入所する児童は、いずれにしても、保護者の下や次の養育者に乳幼児の養育をバトンタッチすることになる。乳幼児の立場になり、ていねいな準備が求められる。

②里親による養育

これまで見てきたように、乳児院での限られた養育期間の中で親子関係の再構築を行い、家庭復帰するケースのほか、里親、児童養護施設等への措置変更が行われる。児童福祉法上、里親委託優先の原則が明記されており、乳児院では、本事例のように児童相談所等と連携し、入所児童と里親のマッチングを行っている。「**里親委託ガイドライン**」では、「里親に養育を委託する子どもは、新生児から高年齢児まですべての子どもが検討の対象とされるべきであり、多くの課題を

持ち、社会的養護を必要としている子どもの多様さを重視し、子どもと最も適合した里親へ委託する」と記されている。

「児童養護施設入所児童等調査の概要（平成30年2月1日現在）」によると、乳児院に入所す

表Ⅲ-1　乳児院における児童の今後の見通し

保護者のもとへの復帰	25.2 ％
児童養護施設への措置変更	18.7 ％
里親・ファミリーホームへの措置変更	9.0 ％

る児童のうち、72.8 ％は家族と通信、面会、一時帰宅等、何らかの交流を行っている。乳児院での養育中に家庭復帰が見込めないケースについては、保護者に対し次なる委託措置先について理解を求めなければならない。本事例では、実母は「行事のお知らせをしても返事もなく、面会や外出、外泊もほとんどない状況が続いていた。このたびの措置変更の承諾についてようやく連絡がとれたが、『お任せします』と簡単に返答し、実子への関心は見られなかった」ということだが、乳児院に子どもを預ける保護者の中には、乳児院での養育を終えた後、「児童養護施設」ならよいが「里親」への措置変更なら拒否するというケースもみられる。そのため、「児童養護施設入所児童等調査の概要（平成30年2月1日現在）」における「乳児院における児童の今後の見通し」は表Ⅲ-1のようになっている。

これら以外にも、児童の年齢により、引き続き乳児院での養育を継続して受ける児童が35.5 ％おり、その他にもあるが、現状として、児童養護施設への措置変更が里親・ファミリーホームへの措置変更を上回る。

保護者の中には、乳児院での養育を終えた後、「児童養護施設」ならよいが「里親」への措置変更なら拒否するというケースもみられる。「里親」への委託は、わが子を取られるような感じを抱く方もいる。背景には「里親」に対する偏見や理解不足があるものと思われる。

<u>事例4　児童養護施設への措置変更</u>

①養育環境の変化と養育者の交代

乳児院から児童養護施設へと環境が大きく変わる措置変更の際には、子どもに寄り添った支援が求められる。急激な環境の変化は心身のストレスとなり情緒面、身体面での不調として出現することがある。子どもにとっては、何よりも、これまでかかわってくれた担当者がいない環境に耐えられないだろう。したがって、養育環境の移行は、ていねいに計画をし、段階的に行う必要があり、受け入れ先の児童養護施設の担当者と対象児童が顔見知りになり、安心して話せる関係を構築する必要がある。また、乳児院の担当者と対象児童が一緒に移行する予定の児童養護施設へ何度か訪問し、交流を行うことも大切である。このような、いわゆる「ならし」の期間がなく、いきなり措置変更が行われるなどということは、子どもにとって、計り知れないストレスとなる。かつては、里心がつくからという理由で、移行や退所の際は乳児院職員は一切のかかわりを断つということが多かったようだが、今日では、当事者にとって自分の育ちを支えたかけがえのない養育者のひとりとして、乳児院退所後も交流をもつ場合がある。

②親の役割

本事例では、乳児院から児童養護施設への措置変更に際して、母の立ち合いがなかった。状況にもよるが、子どもの施設入所に際し、親の立ち合いは重要な意味をもつ。先にも触れたが、乳

児院に入所する児童のうち、72.8％は家族と通信、面会、一時帰宅等、何らかの交流を行っている。乳児院退所後、その保護者のもとではなく、なぜ自分が他の施設や里親宅に行かなければならないのか、子どもたちは、幼いながらも苦悩するであろう。その理由を、親から説明を受けるのと、そうでないのとでは大きな違いがある。また、親にとっても、子と離れ、措置変更しなければならない辛さを抱く。その思いを児童相談所や施設の職員が共感的に理解するプロセスも重要である。

③ドリフト

　親から分離された児童が「乳児院」に措置される。その児童が「児童養護施設A」に措置変更される。その後、家庭復帰するも再虐待があり、別の「児童養護施設B」に措置される。

　その後、施設で問題を起こし、「児童自立支援施設」に措置変更される。さらに、そのあと、別の「児童養護施設C」に措置変更。高校中退をし、現在はアルバイトをしながら「自立援助ホーム」で生活している。このようなケースがあったとしよう。彼は、合計6か所の社会的養護施設を転々としていることになる。このような、あちらこちらに行ったり来たりした子どもは、これまでの施設や出会った大人にどのような思いをもっているだろうか、想像してほしい。社会的養護では、あちこちに措置変更を繰り返すこと、養育者が頻繁に変更されることを「**ドリフト**」と呼ぶ。子どもは受けとめられる体験、人を信頼する体験を重ねることと正反対の体験をすることになり、排除される体験や人は信頼できない存在であることを感覚的に積み重ね、そして何よりもこの世に自分自身は不要な存在ではないかと問い続けるだろう。自己否定感にまみれ、他者不信に覆われ、生涯において、生きづらさを抱えていくことになるだろう。

　したがって、専門職は、「**措置変更**」を容易に行うものではなく、子どもの人生において大きな局面であることを理解したうえで、措置変更に際してはていねいにアセスメントとプランニングを行う必要がある。

事例5　乳児院でのショートステイ

①子育てにおける社会資源としての乳児院の活用

　子どもをもちながら働く親にとって、保育所はなくてはならないものである。しかし、保育所の機能だけでは、家庭の子育てを補完できないこともある。特にひとり親家庭では、親族や知人のサポートがなければ、就労と生活、子育ての両立は難しい。例えば、本事例のように、夜間遅くまでの就労や出張時に子どもの保育を誰に頼むかという問題は大きい。夜間や宿泊も可能な認可外保育施設も存在するが保育料は高額である。2014（平成26）年3月には、仕事で数日間、子どもたちの養育が難しくなった母親がインターネットで知りあった自称「ベビーシッター」の男性に子どもを預け、2歳の子どもが死亡するという事件が起こった。何ごともインターネット検索で困りごとの解決方法が案内される時代である。そのような時代だからこそ、乳児院におけるショートステイ事業は、重要な地域の社会資源の一つである。本事例は、市町村が乳児院や児童養護施設等に委託して行っている「**子育て短期支援事業**」の活用例である。

　実施期間や手続きの方法は、各自治体のホームページなどで確認してほしい。

②利用者からの手紙

　本事例では出張に伴うショートステイだが、他にもさまざまな理由からショートステイが活用されている。全国乳児福祉協議会では、乳児院を利用した保護者からの手紙を紹介している。

　娘Ｍを預かってくださりありがとうございました。おかげさまで９日間の入院生活も安心して治療に専念でき、早く退院することができました。Ｍも職員の方にかわいがっていただき、大きく成長したように思われ、感謝の気持ちでいっぱいです。一人の子どもの子育てでもたいへんなのに、乳児院の子どもたちのお世話をしている先生方の姿を見て、私も頑張らなくてはと励まされました。また元気な子どもたちといっしょに遊ばせたい気持ちです。機会がありましたら遊びに行きます。

（出所）全国乳児福祉協議会ホームページ（https://nyujiin.gr.jp/about/tegami/　最終閲覧日：2020年5月6日）。

これからの乳児院

　全国乳児福祉協議会は、乳児院がアタッチメント形成とファミリーソーシャルワークを軸とする『乳幼児総合支援センター』としての役割を担うことを提言している（図Ⅲ-3）。

　具体的には、①小規模養育支援機能、②要保護児童等予防的支援機能、③一時保護機能、④親子関係構築支援機能、⑤**フォスタリング機能**、⑥アフターケア機能である。

　里親による養育の推進が求められる中、これまで乳児院で培ってきた実践力を地域の社会的養育を支える拠点として再構築する時期に来ている。

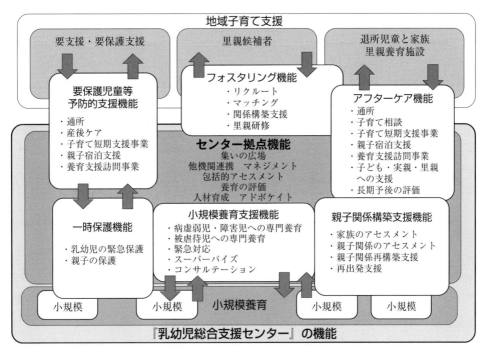

図Ⅲ-3　『乳幼児総合支援センター』の全体像

（出所）社会福祉法人全国社会福祉協議会全国乳児福祉協議会乳児院の今後のあり方検討委員会報告書「『乳幼児総合支援センター』をめざして」2019年、16頁。

Ⅲ-5　母子生活支援施設

　母子生活支援施設は、児童福祉法第38条に、「配偶者のない女子又はこれに準ずる事情にある女子及びその者の監護すべき児童を入所させて、これらの者を保護するとともに、これらの者の自立の促進のためにその生活を支援し、あわせて退所した者について相談その他の援助を行うことを目的とする施設」として定められている。配偶者のない女子は、離別・死別・未婚などを理由とするが、「準ずる事情」とは、配偶者からの暴力（DV）や児童虐待、夫からの遺棄、夫の行方不明・拘置などにより夫婦が一緒に住むことができない事情（「母子生活支援施設運営指針」2012年）のことである。

　数ある児童福祉施設の中で、唯一、親と子が共に入所することができる施設で、全国に227か所設置されており、定員4648世帯に対して3789世帯（児童6346人）が入所している（「福祉行政報告例〔平成30年3月末現在〕」）。入所の理由は表Ⅲ-2の通りである。

表Ⅲ-2　母子生活支援施設への入所理由

総　数	配偶者からの暴力	住宅事情による	経済的理由による	不適切な家庭内環境	母親の心身の不安定による	職業上の理由による	その他	不詳
3,216	1,631	529	413	286	121	2	165	69
100.0 %	50.7 %	16.4 %	12.8 %	8.9 %	3.8 %	0.1 %	5.1 %	2.1 %

（出所）厚生労働省子ども家庭局「児童養護施設入所児童等調査の概要（平成30年2月1日現在）」2020年より作成。

　入所理由からわかる通り、多くの利用者が配偶者からの暴力を受けている。しかし、これは最もあてはまる理由を1つだけ選んだものであるため、実際には、複数の理由を抱え、生活に困難を抱えていることが想像できる。配偶者だけでなく子どもにも暴力を加えたり、借金を抱えて住居を追われたり、薬物依存によって心身不安定になったり、複合した理由を抱えているともいえよう。そのしわ寄せは、最も弱い立場である児童に集中することになり、きめ細かい支援を必要としているのである。

1　事例の背景

　久美子さん（45歳）は、夫の博さん（49歳）と、長女未来さん（専門学校生・19歳）、長男文也さん（高校1年生・15歳）、次男元太さん（小学5年生・11歳）との5人暮らしである。

　久美子さんは約20年前に、妊娠中で家事に手が回らないことに腹を立てた博さんから身体的暴力を受けたことがあった。しかし、その後は、時折、威圧的な言動があるものの、身体的な暴力を受けることはなかった。しかし、未来さんが高校に入学すると、博さんは未来さんを心配して、門限や交友関係を厳しく制限し、守れないときは暴力を振るうようになった。

　最近は、未来さんが実習や友人との外出で帰宅が遅いと、博さんは頻繁に電話をかけ、「今何時だと思ってるんだ！すぐに帰ってこい！」と怒鳴り、未来さんが反発して無断外泊などをすると、久美子さんに暴力を加えた。文也さんの行動も厳しく制限し、部活動などで守れないときは、

「俺のいうことが守れないのか！」などと大声をあげて暴力を振るうため、何度か近隣住民が警察を呼ぶ事態に発展した。

2 母子生活支援施設の日常生活支援事例（アドミッションケア）

　未来さんは、高校時代の友人である晴菜さん（短期大学生・19歳）が社会福祉の勉強をしていることを思い出し相談すると、「未来さんや文也さんへの児童虐待なのではないか」「配偶者暴力相談支援センターや母子生活支援施設という施設があるから、相談してみてはどうか」と勧められた。

　インターネットで調べてみると、未来さんが住んでいる自治体では、福祉事務所が配偶者暴力相談支援センターとなっていることがわかった。電話をかけてみると、相談にのってくれたうえで、他にも県の女性家庭センターや児童相談所も相談を受け付けていることを教えてくれた。気持ちが少し楽になった未来さんだったが、その夜、博さんが久美子さんと文也さんに激しい暴力を加えるのを見て、次の日、久美子さんを説得し、あらためて配偶者暴力相談支援センターに電話し、母子生活支援施設に緊急一時保護されることとなった。

Q1　DV被害が女性や子どもに与える影響にはどのようなものがあるだろうか。

Q2　DV被害への対策にはどのようなものがあるだろうか。

Q3　DV被害を受けて、母子生活支援施設に緊急一時保護されるとき、利用者が不安に思うことにはどのようなものがあるだろうか。

3 母子生活支援施設の日常生活支援事例（インケア）

　緊急一時保護となった久美子さんたち4人は、博さんから頻繁にかかってくる電話や、博さんが通学先を訪れて教職員や友人に執拗に居場所を尋ねることに疲れ、一度帰宅しようとした。しかし、職員は、再び暴力を受けるおそれがあると反対し、職員立ち会いのもとで面会することを

提案した。

　後日、配偶者暴力相談支援センターで、久美子さん、未来さん、母子生活支援施設の職員、センターの職員と博さんの面会が行われたが、博さんは暴力の事実を否定し、家に連れ戻そうとして暴れ、職員に制止されると、激昂して暴言を浴びせるなどした。子どもたちはしばらく学校を休み、警察にも相談のうえ、福祉事務所に母子生活支援施設への正式な入所を申し込んだ。

　児童福祉法の対象は18歳未満だが、未来さんは特別の事情を認められ、母子生活支援施設に入所しながら専門学校に通うことになった。しかし、博さんがいつ現れるか不安で学校を休みがちである。久美子さんは、博さんの生活は大丈夫だろうかと心配し、戻りたいと口にすることが増えた。元太さんは、学校をサボったり、靴のまま施設に上がったり、それを注意した別の家庭の幼児を怒鳴ったり、職員にも暴言を浴びせるようになった。そのため、ますます久美子さんは、心身の不調を訴えるようになった。

Q1　久美子さんの心身の不調を回復するためには、どのような支援が必要だろうか。

Q2　未来さんが安心して通学することができるようにするためには、どのような支援が必要だろうか。

Q3　元太さんの言動がこれ以上深刻にならないようにするためには、どのような支援が必要だろうか。

----

4 母子生活支援施設の自立支援事例（リービングケア・アフターケア）

入所してからの1年間、久美子さんは何度か施設外で博さんと会って話し合った。復縁を願う博さんに応えて家事をしに帰宅したが、次の日には暴力を振るわれることが続いて、離婚を決意した。

久美子さんは、施設から紹介された弁護士に相談し、調停離婚を家庭裁判所に申し立てた。費用と時間がかかったが、未来さんや文也さんの支えもあって離婚が成立した。未来さんは、奨学金やアルバイトで得た収入をもとに、施設の近くでひとり暮らしを始め、弟2人の面倒も時折みるようにした。

久美子さんは、新しい生活を始めるために、職員と共に仕事や住宅を探し始めた。しかし、長く専業主婦であった久美子さんには、就職に役立つ資格や就労経験といったものがなく、子ども3人を養っていく収入を得るのは難しいことが予想された。

Q1　久美子さんが就職や住宅を探すためには、どのような支援が必要だろうか。

....

....

....

Q2　久美子さんたちが施設を退所した後に、どのような困りごとが予想されるだろうか。

....

....

....

Q3　母子家庭（父子家庭も含めて）が受けられる、あるいは受けられた方がよいサービスや支援とはどのようなものだろうか。

....

....

....

5 母子生活支援施設のアセスメント事例

母子生活支援施設では、自立支援計画の策定が義務づけられているため、入所が決まった久美子さん家族についても、アセスメントが行われた。現状を把握することが重要であり、エコマップやジェノグラム等を作成し、自分たちの生い立ちを整理する作業であるライフストーリーワークにも取り組んだ。

次に、久美子さんたちが抱えているニーズ・課題を確定させることになった。母親であり妻で

ある久美子さんと子どもたちではニーズや課題も違い、子どもたちもそれぞれが抱える課題や不安に違いがみられた。それに基づいて、短期・中期・長期の目標を共に考え、そのための小さなゴールを設定することにした。そのうえで、確定したニーズ・課題の優先順位をつけ、それぞれに支援目標を設定した。

　久美子さんは、家事を完璧にこなさなければ叱責されると考えてきたため、母子生活支援施設でもやりすぎに思えるほど家事に没頭した。しかし、集団生活となることで生じる新しい人間関係や職員との距離感に慣れず、体調を崩してしまった。それでも家事をこなさなければならないと焦りがみえたため、職員は支援目標の見直しを行った。久美子さんが暮らす施設では、共用の廊下の掃除や乾燥室の掃除を分担していたが、職員は同じ階の人に事情を説明し、しばらく免除すると共に、施設の生活になじめるように、入所期間が長く家族構成も似ている静香さん（51歳）に、久美子さんを気にかけてくれるように頼むなど、対人関係などの社会的環境の調整や社会資源の活用をめざすことにした。

Q1 エコマップやジェノグラムを作成して、自分たちの対人関係や社会資源を確認してみよう。

Q2 久美子さん、未来さん、文也さん、元太さんそれぞれが抱えているニーズや課題にはどんなものがあるだろうか。不安だけでなく希望や将来の見通しなども聞くと、どのようなことが出てくるだろうか。

Q3 自立支援計画通りに進まなかったときには、どのような支援やかかわりが必要となるだろうか。

〈解説〉

日常生活支援事例（アドミッションケア）へのアドバイス

<u>Q1 に対して</u>　配偶者への暴力（DV）といっても、それは身体的暴力だけに限らない。ほかにも、精神的な暴力（罵る、無視する、怒鳴る、脅迫する）、経済的な暴力（生活費を渡さない、仕事をすることを許さない、借金をさせる）、性的暴力（性行為の強要、避妊の拒否）、社会的暴力（外出させない、交友関係を制限する、携帯電話の内容を細かくチェックする）、子どもを利用した暴力（子どもに暴力を振るう、子どもに悪口を吹き込む、子どもを取り上げる、子どもの前で暴力を振るう）などさまざまである。

また、DV にはサイクルがあるといわれ、加害者は、「イライラしてとげとげしい態度」「暴力」「後悔して謝り、二度としないと約束する」を繰り返し、被害者は「相手の爆発を防ごうとする」「恐怖感や無力感を感じ、暴力を受け入れる」「相手が変わるのではないかと期待する」を繰り返すような場合もある。こうした暴力のサイクルにいると、個人差はあるにしても必ず影響が出ると考えられる。身体的、心理的、精神的、社会的影響には何があるか、考えてみよう。

また、子どもの前での暴力は「**面前 DV**」と呼ばれるので、児童虐待とあわせて調べてみよう。

<u>Q2 に対して</u>　暴力を受ける配偶者や恋人（以前の関係も含む）は、その大多数が女性であるが、中には男性被害者もおり、必要とする支援もさまざまである。性別、年齢、家族構成、職業など幅広く考え、必要な支援とは何かを考えてみよう。また、被害者の感情としては、相談したい、加害者から逃れたい、加害者を引き離してほしい、などあるが、そのことを被害者が周りに相談しにくいということも理解しておく必要がある。

また、相談したいというニーズに応える機関や施設にはどんなものがあるだろうか。「配偶者からの暴力の防止及び被害者の保護等に関する法律」（DV 防止法・2001 年制定）では、都道府県には、すでに設置されている適切な機関が配偶者暴力相談支援センターの機能を果たすことを義務づけ、市町村には同様の措置を行うように努力することを求めている。地域の配偶者暴力相談支援センターについて調べてみよう。

加害者から逃れることを支援する民間団体や、加害者を引き離すための公的な仕組みを調べてみよう。被害者の申し立てによって、裁判所が保護命令を出すことができるが、接近禁止命令や退去命令など、それぞれの効力や内容を調べてみよう。

<u>Q3 に対して</u>　緊急の場合には、何より身の安全が確保されることが必要であり、生活の一部が制限されることも考えられる。皆さんの普段の生活が何によって成り立っているかを考え、それが制限されるとどのような影響が出るだろうか。事例にあるように、18 歳以上の学生、高校生、

小学生という立場で考えてみよう。また、母子生活支援施設は、世帯ごとに個室で暮らすことになっているため、プライバシーは守られるが、その他に入所している世帯もあるため、共用部分や施設のルールも存在する。それらをわかりやすい資料で説明することが重要である。

日常生活支援事例（インケア）へのアドバイス

Q1に対して　入所前、厳しい環境に置かれていた母親は、無力感を感じたり、自分にも非があったのでないだろうかと自分を責めたり、自己肯定感が低いままの状態である場合も多い。自己肯定感とは、自分を必要以上に高く評価することではなく、「ありのままの自分でいい」「自分自身を大事にしてもいい」「家族以外の人を信じてもいい」という安心感をもつことである。そのために、職員はバイステックの7原則など、援助者としてかかわる基本姿勢に留意して接することが必要である。

　また、DVの被害にあってきた母親を、「かわいそう」とか「なぜもっと早く逃げ出したり、離婚したりして自分や子どもを大事にしてこなかったのか」のように考えないようにしよう。そうした思い込みは、母親や子どもを一定の枠にあてはめて考えてしまい、必要とされていない支援を押しつけてしまうことにもなりかねない。

Q2に対して　ストーカー行為でもありうることだが、自分が正しいとか愛情と思っていることを否定されると、自分自身を否定されていると感じる人もいる。そうした人は、学校の欠席、警察、施設入所といった好ましくない状況を作り出したのは自分ではないと考え、何とか以前の状態に戻そうとして相手が嫌がっている気持ちに気づけなくなってしまう。あなたは、自分が好きな芸能人やマンガ、音楽などを親しい友達に否定されたとしたら、きっと嫌な気持になるだろう。自分は社会のルールをしっかり守っている（実は守っていないこともたくさんある）のに、他の人がルールを無視しているのを見て不公平だと感じることもあるだろう。「学校に通いたい」という気持ちを父親に感情的に話さないようにするには、相手のすべてを否定しないようにすることである。

Q3に対して　元太さんは、これまで押さえつけていた父親と離れ、どんな気持ちなのだろうか。これまでの家庭環境で、元太さんの行動規範（ルール）は、父親を怒らせないことだったのかもしれない。その父親がいなくなった環境では、元太さんのルールは何になるのだろうか。ただ、行動の理由のすべてを虐待やDVといった過去に求めることは、現在をみる視点の妨げになることもあるので、冷静さが必要である。元太さんが今、興味があることやしてみたいことはないだろうか。グループや複数名で協調して何かをするのが難しいときは、ひとりで楽しめるものを提案するのもいいだろう。バッティングセンター、カラオケ、ゲームなど、職員が同伴する必要はあるが、楽しいと思えるものを一緒に探すことが大切であろう。

自立生活支援事例（リービングケア・アフターケア）へのアドバイス

Q1に対して　年齢、資格、技能などによって就職の条件は変わってくるが、久美子さんが第一歩として就職する環境はどんなところが適しているだろうか。長く専業主婦であった久美子さんが社会で働くためには、さまざまな不安があるはずである。不安にはどんなものがあるかを想像してみよう。その不安を解消するためには、職員は利用者の能力を正しくアセスメントし、働

ける時間など無理をさせないことである。これまで、さまざまな状況を自分の意志で判断してこなかった利用者の場合には、希望を聞くことすら難しい場合もある。母子生活支援施設の中には、玄関を入ったところにカフェスペースを設け、部屋に帰る前の女性たちが休んで、職員と会話するようにしているところもある。求人情報で大事なポイントや、長く働き続けられる職場環境について、相手の理解を確認しながら話すことが大切である。

　Q2 に対して　退所後に待ち受けている困りごとは、まず生活費であろう。シングルマザーと3人の子どもには、いったいどれくらいの生活費が必要なのだろうか。食費、家賃、光熱費、携帯料金、税金、社会保障費など、意外とわかっていない家計があるはずである。それぞれ、いくらぐらい必要なのかを考えて意見を出し合ってみよう。そのうえで、インターネットでは税金や社会保障費を計算できるサイトもあるのでシミュレーションしてみよう。

　Q3 に対して　日本のひとり親家庭の就業率、つまり働いているひとり親の確率は、先進国の中でもかなり高い。日本のひとり親施策は、働きやすい環境支援やマザーズハローワークなど、働くことを前提としたものが多い。あらためて、日本のひとり親施策を学び直してみよう。2020年は、コロナウイルス感染症対策によって、都道府県ごとの違いに注目が集まった。皆さんが暮らしている都道府県や市町村のひとり親支援策について調べてみよう。また、人間は必要最低限のものだけでは生きていけない。日本国憲法でいうところの「健康で文化的な」生活を送るためには、衣食住など、生活に最低限必要なものはもちろん、余暇活動や教育など心を豊かにするものの充実が欠かせない。

アセスメント事例へのアドバイス

　Q1 に対して　**エコマップ**は、ecological（生態）map（地図）の略語で、「生態地図」とも呼ばれる。中心に家族の状況を記し、その周りに家族に関係のある社会資源を配置して、互いの関係性や及ぼす影響を図にしている。葛藤やストレス、親密さなど主観的な事実も記され、キーパーソンを探ったり、サポート・ネットワークを構築したり、社会資源をアセスメントしたりすることができる利点がある。DV などが関係する事例では、家族間の主観的事実をもとに、家族以外に頼れる場所がどれくらいあるかが重要である。**ジェノグラム**は、generation（世代）gram（図）の略語で、「家族関係図」とも呼ばれる。原則として、当事者を中心に三世代にわたって家族関係を図にしている。性別、結婚・離婚、死亡など客観的な事実に基づいて、生活上の重大な出来事を視覚的に素早く把握できる利点がある。ジェノグラムとエコマップは、用途に合わせて使い分け、社会資源ネットワークを作ることが大切である。

　Q2 に対して　アセスメントでは、家族の気持ちや考えをよく聞き、素直な気持ちや考えをいえるように配慮する必要がある。援助者から見れば「こうした方がいい」と思えることも、すぐには実行できなかったり、必要であると思っていなかったりする。援助者の考えを押しつけるのではなく、些細なことでもしっかりと聞く姿勢が必要である。そのため、「こうした方がいい」と思えることをいったん書き出してみよう。それを押しつけずに、素直な気持ちを引き出すためには、クローズド・クエスチョン（Yes/No で答えることができる質問）とオープン・クエスチョン（自由回答ができる質問）を組み合わせて相手のペースで会話することが大切である。

<u>Q3 に対して</u> 皆さんが小さい頃に思い描いた夢は何だったのだろうか。小さい頃の夢と現在では変わったものもあれば、変わらず抱き続けているものもあるかもしれない。最初に決めた目標通りにいかないことの方が多いかもしれない。それは失敗ではなく、状況が変わったととらえれば、新しく計画を作り直すことも前向きにとらえることができる。今、皆さんが目標とする「大きなゴール」と「小さなステップ」とは何だろうか。できる限り細かく具体的に考えてみよう。漠然としたゴールには、近づいていることがわからない。そのステップは、誰が（誰と）、どこで、何を、どのようにするかを明確に決めることが有効である。久美子さんの家族には、就労支援、心理面接、学校などとの関係調整、社会資源の活用、家事などさまざまなステップがある。目標を決めて、何かに書いた経験はないだろうか。アセスメントシートなどを活用して、大きなゴールと小さなステップを記述し、状況が変われば書き換えるなど整理する方法を提示するほうがよい。

Ⅲ-6　児童心理治療施設

1 不登校で入所した和男（中2）の事例

〈家族状況〉

実父　43歳　会社員　和男が小学3年生のときに離婚、その後は養育費も支払われていない。

実母　39歳　パート

和男　14歳　中学2年生　男児

　本児は、児童相談所から「不登校」を理由に児童心理治療施設へ入所依頼があった。中学入学後に上級生から暴力を受けたのが不登校のきっかけで、衣服や髪などに神経質にこだわり頻回の手洗いや入浴が見られ、いらいらしやすく、夜遅く帰宅する母親に暴言を吐くため、母親が施設入所を希望したものである。従来よくみられた強迫傾向を伴ういわゆる「神経症タイプの不登校」との判断のもとに施設への入所を受け入れた。

　ところが、入所後間もなく、衝動的な暴力や未熟な異性交遊や周りの子どもを大きく巻き込んだ**逸脱行動**が表面化してきた。他児への暴力を制止しようとしたスタッフへの暴行など、激しい衝動性と興奮を制御できずにエスカレートする一方となった。本児の入所前の生活状況を施設のスタッフが調べ直したところ、離婚した実父から身体的虐待を受けていたことに加え、母親が異性関係にだらしなく不安定で混乱した生活環境で育ってきたこと、**原籍校**在学当時から校内で衝動的な暴力がみられ学校が対応に苦慮していたことなどが明らかになった。

Q1　本児の児童相談所の事前の調査はどの部分が不十分か。

Q2　本児のアセスメントとして不十分であったのはどのような内容か。

2　被虐待による児童相談所の通所指導から入所になったあや子（小6）の事例

〈家族状況〉

実母　42歳　パート

実父　46歳　自営業　あや子が小学2年生の時に家を出て行方不明となる。

兄　　14歳　中学2年生　児童心理治療施設入所中

あや子　12歳　小学6年生　女児

　本児は、母子家庭であり、身体的虐待とネグレクトで児童相談所の通所指導が続けられていたケースであるが、母親から「虐待しそうだから」と施設入所の希望があった。入所相談のために児童相談所を訪れた折、本児が施設入所を嫌がると母親は怒って本児に暴力を振るい置き去りにして帰ってしまった。そのため緊急一時保護となり、すぐに児童心理治療施設へ入所となった。本児の兄が発達障害のため以前からその児童心理治療施設に入所しており、本児は母親と一緒にたびたび同施設を訪れていた。本児の情報は、児童相談所からの資料もあり、兄の支援や母親との面談を通しても十分にあり、施設のスタッフはあや子のことをよく理解していた。

　しかし、入所後本児は、他児との些細なトラブルが暴力へと発展する、スタッフにも暴力を振るう、振り返りの話し合いでも「好きでここに来たんじゃない」と興奮するなどの状態が目立つようになった。

Q1　本児のアセスメントは十分であったにもかかわらず、なぜ生活は安定しないのか。

Q2　本児が施設の生活で安定するためにはどのような対応が必要か。

家庭引き取りになったまさ代（中3）の事例

〈家族状況〉

実母　39歳　パート

養父　43歳　アルバイト

姉　　18歳　高校3年生

まさ代　15歳　中学3年生　女児

　本児は、小6から無断で友達の家に外泊したり、家財を持ち出したりするようになった。本児は自分の行動を隠すために嘘をついたが、母親はそのような本児に対して拒否感が強くなる。中2のとき、友人と万引きをして母親に叱られ、家出。その後もこの繰り返しとなり、母親は本児に対して「あんたなんか、産む気はなかった」等、数々の拒否的な言葉を浴びせ、本児は強いショックを受けた。本児が知人に勧められて児童相談所に相談し、入所となる。面会・外出・外泊を行う中で、3か月後には母子共に徐々にお互いを受け入れる方向で模索を始めた。その後は順調に経過しているように見えたが、6か月後、進路選択をきっかけに「家から高校に行きたい」本児と、「施設から高校に行かせたい」母親の意見が対立し、本児が母親の希望を聞き入れなかったことで、母親が「親権を放棄する」と言い出し、再度母子関係改善の課題が浮かび上がった。最終的には家族で話し合うことができ、本児は就職という進路を決めて退園に至った。

Q1　本児にとっての治療とはどのような取り組みのことを指すのか。

Q2　児童心理治療施設の総合環境療法について調べてみよう。

----

4 施設での治療を経て退所して自立した後も医療的ケアを継続するきよ美 (中3) の事例

〈家族状況〉

継父　59歳　運転手

実母　52歳　無職

きよ美　中学3年生　女児

異父弟　小学5年生

　本児が継父から性的虐待を受け、一時保護を経て児童心理治療施設に入所となる。入所直後から「母と会いたい」「加害者は家に居るのに、何で自分が入所しているのか」等の訴えを繰り返し、登校を渋ったり、登校しても帰寮してしまうことが続く。ほぼ毎日、物を壊す、暴言を吐き暴れる、**過覚醒**、**記念日反応**など激しい **PTSD 症状**が見られた。入所後、性被害の再告白がある。その後、**悪夢**、**睡眠障害**、**フラッシュバック**、**解離**があり、不登校も続いた。児童相談所による被害確認面接、婦人科検診を実施する。母親との面会を実施したが、継父への怒りから生活へのモチベーションの低下など、不安定になることが続き、器物破損や高笑い、解離状態が頻発した。中3になってからも解離状態や**幻聴・幻覚**はみられた。段階的に登校できるようになったが、症状が悪化し精神科に入院となる。退院後調薬した効果もあり、一時的に PTSD 症状による行動化はなくなったが、解離や睡眠障害はみられ、その後無断外出、器物破損、粗暴行為もみられた。中学卒業後については、自宅ではなく治療継続できる医療機関近くの知的障害者施設のグループホームを自ら希望し、決定してからは落ち着いて退所まで過ごした。

Q1　性的虐待の後遺症について調べてみよう。

Q2　本児はなぜ自宅に戻らずグループホームを選び自立の道を選んだのか。

〈解説〉

　①の和男の事例は、**アドミッションケア**として施設ケアの入り口となるアセスメントがきわめて重要である。入所後、激しい攻撃性・暴力性が問題になった事例を分析すると、入所時点で何らかの手抜かりがあったことがわかる。翻って考えれば、入り口で手間を惜しまず丁寧に調査すれば、入所した後のトラブルを軽減することができる。入所したその時からケアは始まる。したがって、そのときにはすでにその子どもについての一定の判断と理解と見通し、すなわち**アセスメント（見立て）**が得られていなければならない。その最初のアセスメントの甘さや見立て違いは、しばしばその後のインケアにおいて混乱をもたらす。施設として入所前に行っておかなければならないことが4つある。

　①児童相談所の調査・判定の資料、一時保護中の生活記録などの詳しい情報を収集すること。

　②児童相談所のスタッフと当該のケースについて事前に合議する機会をもつこと。

　③施設も本人・家族と事前の面談をもつこと（体験入所も実施する）。

　④原籍校と連絡をとること（学校からの情報が参考になるところが大きい）。

　こうした事前の準備が入所に至る手続きとして定例化され、それを踏まえたアセスメントをもとに子どもを受け入れることが重要である。

　②のあや子の事例は、アドミッションケアとして子どもはどのような事情と経緯から、何を目的として、どのような見通しで、自分はこの施設に入所するのか。入所したらどのような生活があり、そこで自分は何をすればよくて、スタッフはどのような役割を果たしてくれるのか。何がどのようになったら退所できるのか。自分に対して誰が責任をもってくれているのか。これらは子どもにとって非常に重大な問題である。入所に先立って、これらを子どもとの間で話し合い、それらの内容についての合意を形成し、そのうえでインケアを始めることが不可欠である。入所時の合意のポイントは以下の6つである。

　①**インフォームド・コンセント**は、権利擁護上子どもにかかわる大人側に義務づけられているルールである。

　②子どもにとって施設は知らない世界であるため、事前に十分に説明を受け、生活の見通しを与えられ、はじめて安心感やかかわる大人に信頼感がもてる。

　③人は先の見通しがもてなければ努力を持続できない。自己コントロールや行動制御がさらに困難となる。

　④子どもが何を望み、家族をはじめ周りの人々にどのようにしてほしいと願っているのかなど、その気持ちを施設側がくみとってはじめて子どもの信頼が芽生え、インケアへのモチベーションを高めることができる。

　⑤入所時の合意があれば、その後の問題やトラブルが起こる都度、そこへ立ち返り、振り返りやケアの軌道修正をする原点となる。原点をもたないケアは方向性が定まらず、いったん問題が起こると混乱が拡大しやすい。

　⑥子どもとの間の合意を絶えず心がけるかかわりは、子どもを子ども扱いせず、主体性と責任感をもつ者として遇することであり、そのこと自体が子どもにとって成長を促す治療的な働きをもつ。

合意は、子どもと職員が入所の理由や目的や目標を共有する作業であり、アドミッションケアに欠かせない。虐待ケースでは、分離保護が急がれるあまり合意よりもまず入所となりやすい。子どもの側からすれば理不尽極まりなく、そのつけは**インケア**で荒れやトラブルとして必ず表れてくるのである。

　③のまさ代の事例は、インケアにおける心理治療的ケアについて心理治療計画を策定し、本児や親・家族の課題を以下のように明示して方針を立て、総合環境療法により計画を進めた。

【課題】

①本児が、施設での安心・安全を保障された環境で情緒の安定を取り戻す。

②本児が、自分の気持ちを整理し、対人関係のとり方や、問題解決の方法の改善を図る。

③母親が、本児に対する拒否感の背景について気づき、かかわり方の改善を図る。

④本児と母親が進路について話し合い、家族が納得できる決定ができる。

【方針】

①施設生活を通して、基本的な生活習慣の定着を支援し情緒の安定を促す。

②本児に対して、自分の課題や気持ちに気づくことができるよう、施設職員が支援する。

③母親に対して、カウンセリングを実施し自分の課題や気持ちに気づくことができるよう支援する。

④家族合同面接を実施し、親子関係再構築に向けて調整していく。

【取り組み】

①本児の面接（カウンセリングを週1回定期的に実施。もしくは、必要に応じて実施）

②母親の面接（カウンセリングを週1回定期的に実施。もしくは、必要に応じて実施）

③家族（母子を中心に）合同面接（家族関係の状態を確認または、改善を促す必要のあるとき）

【結果】

①施設で距離を置くことで、母子共にこれまでの言動について互いに見つめ直すことができた。本児が、自分の課題を改善したいと思うようになった。また、「気持ちを伝える」努力を続ければ相手の心を動かすこともできることも体験した。そして、本児の変容により母親や養父との関係が改善した。

②本児は、施設での職員とのかかわりで大人への信頼関係を回復し、自己肯定感が培われた。本児は進路の問題をきっかけに、家族や周囲の大人のアドバイスが本児のことを考えてのことであり、本児のために皆が動いていることを感じることができた。

　④のきよ美の事例は、心理治療的ケアについて心理治療計画を策定して総合環境療法により計画を進めると共に、自立へ向けて**リービングケア**の取り組みを行ったものである。

【課題】

①本児が施設で安定した生活を送れるようになる。

②母親が、本児の側に立てるようになる（本児の性的虐待の訴えを受け入れる）。

③母親が、養育環境改善を図る（継父の性的虐待否認への対処、ネグレクト状態改善）。

④本児と母親が落ち着いて面会できる。

⑤母親の態度が変わらない場合は、本児が家族と適切な距離をとり、自立していける退園先を検討する。

【方針】

①医療を導入し、PTSD 症状軽減を第１目標に日課は柔軟に対応する。個別対応を強化する。

②役割分担を児童相談所が母、学園が本児とし、母親面接・母子面接は双方の担当者が同席で実施する。

③児童相談所、または地元の役所等で母親面接を実施する。

④母親面接で本児の養育困難さを受け止め、本児の近況・見立てを伝え養育者としての立場を支援する。

⑤本児が自己決定できるよう母親への思いを表現し、PTSD 症状コントロールのための支援を行う。

【取り組み】

【本児への心理教育】

①外傷体験を受けた子どもに現れる症状、回復に向かうための方法や生活全般についての心理教育

②性被害の影響からくる歪んだ認知の修正、性的問題行動の振り返り

③フラッシュバックでの混乱から抜け出し、今現在を実感するための工夫の検討

④極端な認知の修正（白か黒かの発想、がんばりすぎる時期とお手上げの時期がある）

⑤自分の現状理解を促す（客観的に自分を振り返り、成功体験を確認し、自尊感情を高める）。

【本児の母親に対する葛藤の整理】

トラウマケアの心理教育から始めるのが基本である。一定の理解の枠組みを提供することにより、当事者が現在の心身の状態を知り、安定を得ること、長期的にはその後に起きる症状や出来事を予測して、それに対処する力を強めること、これらを通じてトラウマ症状に圧倒されている当事者に力と希望を与えることを目的としている。

【結果】

①本児が施設での生活を肯定的に受け止められるようになった。

②本児の自己肯定感や大人への信頼感、被保護感が向上した。

③本児が母親の現実像を受け入れ（期待の取り消し、諦め）、母親との関係のとり方を自分で選択した。

④退所後の生活について、本児が自己決定できた。

Ⅲ-7　小規模型施設（地域小規模児童養護施設と小規模グループケア分園型）

1　乳児院から入所してきたりゅうと（4歳）の事例

〈家族状況〉

実父　24歳　塗装工　りゅうとを認知していない

実母　24歳　アルバイト　所在不明

りゅうと　4歳　幼稚園年中　男児

本児は、2歳で乳児院から**措置変更**になり地域小規模児童養護施設「Kの家」に入所した。本児は生後父母共に一切かかわりはなく長期入所になるため、児童相談所は、家庭に近い少人数の施設に入所させ家庭的な生活環境の中での養育を考えた。

　乳児院からの里親、児童養護施設への措置変更は、子どもの愛着対象が替わり、ともすれば大きなダメージを受けかねない。本児の在籍していた乳児院では、そのダメージを食い止めるために「**馴らし保育**」と称し、措置変更前に新しく担当になる施設の職員に乳児院に来てもらい子どもに面会してもらったり、逆に新しく生活する施設を子どもと乳児院の職員が一緒に訪ねて環境に馴らしたり、それを数回繰り返しスムーズな愛着対象の移行ができるように取り組んでいる。その甲斐あって、本児は抵抗なく措置変更となった。措置変更先の「Kの家」で本児は職員によくなつき、女性保育士を母親、男性職員のことを父親だと本当に思い込んでいる。職員は機会を見て**家族再統合**の取り組みとして**ライフストーリーワーク**を行う必要があると考えている。

Q1　小規模型施設（地域小規模児童養護施設・小規模グループケア分園型）のメリットとデメリットを
　　　考えてみよう。

Q2　親子分離した場合の家族再統合の3つのタイプについて調べてみよう。

Q3　ライフストーリーワークについて調べてみよう。

② 泣いてぐずり癇癪を繰り返すまりあ（中1）の事例

〈家族状況〉

実父　38歳　運転手　本児を認知しているがかかわりはない

実母　37歳　派遣社員

まりあ　13歳　中学1年生　女児

　本児は母子家庭で、3歳で「Kの家」の母体である児童養護施設（以下、本体施設）に入所した。その後、小学6年で「Kの家」に移ってきた。母親は、自分の生活だけで精一杯なため、本児の面会にほとんど来ることができていない。本児は、職員に対して甘えを素直に出せず、泣いてぐずったり癇癪を起こしたりして職員に手を焼かせている。あるとき些細なことでしつこく泣いてぐずる本児に、同じことの繰り返しにうんざりして苛立った職員が、2階の自室に本児を行かせようと強く背中を押し、転倒させてケガを負わせてしまう。その後「Kの家」の職員で話し合い、本児が甘えを出せるように意図的にかかわりをもつようにした。一緒に入浴し、宿題をやり、制服の採寸等々、寄り添うようにした。その甲斐があり本児は徐々にではあるが甘えを素直に出せるようになった。

　一方、母親には本児の学校の文化祭の和太鼓の発表を見に来てくれるように連絡をしていたが、結局当日連絡もなく、来ることはなかった。本児は「来なくていいし、どうせ……」と本心とは裏腹に強がりを口にしていた。

Q1　本児のように泣いてぐずったり、癇癪を起こしたりして周囲の人に執拗に注意を引き甘える行為を何というか。

....

....

....

Q2　本事例の家族再統合の取り組みは何か。

....

....

....

③ 高校を卒業して保育士を目指し進学するあやか（高3）の事例

〈家族状況〉

実父　死亡

実母　51歳　難病で寝たきり入院中

あやか　18歳　女児

弟　15歳　中学3年生　「Kの家」入所中

本児は、10歳で「Kの家」に本体施設から弟と一緒に移ってきた。家庭を知らない本児であったが、「Kの家」を本当の家庭と考えている。中学までは自分がよい意味で特別な存在だと考えていたが、高校に入学しても携帯電話がもてないことなどから、逆の意味で特別な存在だと考えるようになり、自分の中で葛藤が起こり学校にも行けなくなってしまう。そんなとき、「Kの家」の職員が一緒に悩み、自分のことのように一緒に考えてくれた。そんな職員の様子から自分も**施設保育士**をめざそうと決心し、短期大学への進学を果たした。学資は高校3年間で貯めたアルバイト代と奨学金でまかない、さらに「Kの家」には20歳までの**措置延長**をしてもらうことになっている。そして、入院している母親のもとに弟と一緒に面会に行き高校卒業と短大への進学の報告を行った。

本児にとって「Kの家」は単なる施設ではなく自分の帰る家であり、将来結婚をしようと考える人は「Kの家」のことを理解してくれる人を選び、「Kの家」に連れてきたいと考えている。

Q1 本児は、高校に入学した頃、自分の置かれた境遇をどのように考えていたのか。また、現在はどのように考えているのか。

Q2 本事例の家族再統合の取り組みは何か。

----

4 母親の家庭に引き取りになるなお美（小4）の事例

〈家族状況〉

実父　35歳　なお美が4歳のときに離婚、現在も交流がある

実母　34歳　会社員

なお美　10歳　小学4年生　女児

本児は、4歳で「Kの家」の本体施設に入所し、8歳のときに「Kの家」に移ってきた。母子家庭であるが定期的に面会があり、長期の休みには一時帰宅も行われている。小学4年生の年末年始に長期の一時帰宅を実施し、特に問題がなければこの年度末をもって家庭引取りとなる予定である。母親は、フルタイムで働いており、時には残業や休日出勤もある。なお美が1人で留守番できるかどうか懸念もされたが、「Kの家」ではそのために家庭体験を積み、掃除、洗濯、食事作りなど家事をひと通り経験できるようになっている。また、心強いのは、近所に母方の祖父母

が住んでおり飲食店を営んでいることである。母親が遅くなるときや休日出勤のときは祖父母の
お店で過ごさせてもらうことも可能である。本児は、しっかり者で家に帰ったら習い事も希望す
るなど、母親と家での生活を楽しみにしている様子がうかがえる。ただ一点、職員が気になるの
は、これまで施設で絶えず誰かが側にいる生活をしてきたので、家で母親が仕事から戻るまで1
人で留守番ができるかという点である。

Q1　本児の「Kの家」への移動の目的は何だろうか。

....

....

....

....

Q2　本児に対して公的支援として地域や施設ができる支援は何だろうか。

....

....

....

....

〈解説〉

　[1]のりゅうとの事例は、乳児院からの措置変更であり、当初施設の小規模化、地域分散化の対
象となる子どもは、施設生活が長くなることが想定される子どもであった。本児は、アドミッ
ションケアとして乳児院の「馴らし保育」の取り組みもあってスムーズに愛着対象の移行ができ
た。それどころか職員のことを本当の親と思い込んでしまっている。他に面会に来る親族もなく、
4歳の子どもには仕方のないことかもしれない。さらに、女性保育士が住み込み、子どもと起居
を共にして施設の仕事を超越したところで子どもの養育にあたっていたため、本児の思い込みは
なおさらである。しかし、子どもには年齢や発達に応じた**真実告知**をする必要があり、出自や母
親のことなど本児に伝え理解させる必要がある。家族再統合は社会的養護の果たすべき大切な役
割だからである。その方法の1つにライフストーリーワークがある。

　小規模型施設には、国が推奨するように支援を受ける子どもたちには大きなメリットがある反
面、デメリットも少なからずある。大切なことは、その双方の支援にあたる職員がよくわきまえ
て絶えず留意しながら支援にあたることである。

　[2]のまりあの事例は、「Kの家」のような小規模型施設の限られた職員で、かつ常時1人勤務の

場合には、このような子どもの対応にあたる職員の負担は大きい。ともすれば職員が1人で抱え込んでしまい不適切な支援に陥ってしまいかねない。実際この事例でも、住み込みで小規模施設の運営を任されるべくして任されている。おそらくこの事例の場合も小規模施設に配属されている中堅からベテランであろう職員が、子どもの執拗な行動に巻き込まれ子どもにケガを負わせてしまう結果となっている。このような場合には、本体施設からハード面やソフト面での支援が必要である。そのためには、平素からの小規模施設と本体施設の連携が行われていなければならない。

　ここでも本児の家族再統合の取り組みが質問として問われている。家族再統合にはいろいろな形があり、子どもと親・家族の状況に応じてケースバイケースである。本児の母親を求める思いには切ないものがある。

　③のあやかの事例は、紆余曲折を経て、現在短期大学に在籍し、施設保育士をめざしてアルバイトをしながら「Kの家」に20歳まで生活することが認められたケースである。高校に入学して、その当時携帯電話をもてないということであらためて自分の置かれている状況を思い知らされ、自分の存在や施設自体の存在を否定してしまっていたと考えられる。そのようなときに自分のしんどさに寄り添ってくれる職員の存在が本児を支え立ち直らせてくれた。そればかりか、その職員のかかわりの尊さは、本児をして、自分も同じように社会的養護を必要としている子どもたちに寄り添う施設保育士の仕事がしたいと思わせるに至らしめたのである。

　また、ここでも本児の家族再統合について問われている。どのような家族状況にあってもその子どもにとっての家族再統合の形がある。

　④のなお美の事例は、本児が1人でも家で過ごせる年齢になってから母親の家庭に引き取る計画を進めていたケースである。国が推奨する「家庭引取りが見込めない子どもを小規模施設で生活させる」という考え方ではない形での利用方法である。実際には、リービングケアとして自立に向けて活用するニーズも分園にはもともとあったことから、本児のニーズに応じた取り組みとして「Kの家」の生活経験が活かされるのは妥当である。ただ、これまでの一時帰宅は母親が必ず仕事を休み家に居り、本児は家で一人だけで過ごすことには慣れていない。職員は子育て支援の視点から、本児の引き取り後の支援について、児童相談所や**要保護児童対策地域協議会**も交えて具体的に検討しておく必要があろう。

小規模施設の課題

　ここで今後の家庭的養護の推進にあたり、施設養護における小規模型施設（地域小規模児童養護施設、小規模グループケア分園型）の課題について述べておく。それは、支援を受ける子どもの側からではなく支援する職員もしくは運営する施設の側から制度について評価するものである。子どもにとっての制度の改善は、支援する側の職員体制も含めた改善でなければより良い支援につながらないからである。

　地域小規模児童養護施設は、2020年度より職員配置が3名から6名へと倍になる。それまでの職員配置の3名では、どのように考えても週40時間の勤務時間でシフトを組むことは難しく、週

に2回以上の宿直はあたりまえになってくる。そこでその対策として職員が施設に住み込む形態をとらなければ、勤務はおろか業務がまわせない。しかし、そのような業態をとることは、特定の職員にできたとしても同様に他の職員に求めることはできない。実際に、ある地方自治体では独自の加算により小規模型施設の整備が進んでいるが、一方でそれに反比例して小規模型施設に職を求める人は年々減少してきている。施設保育士をめざす学生の多くは、家庭的で少人数の生活形態の施設を就労先として希望する。しかし、現実は先述のように勤務形態は1人勤務が常態化しており、三度の食事作りなど家事全般をこなしながら6人の子どもに細やかにかかわることは困難を極め、職員は理想と現実の狭間でジレンマに陥る。そして、職員は理想を追い求めれば追い求めるほど、自己を犠牲にしてバーンアウトするリスクが高まる。2020年度から職員配置が改善されるのはあくまで地域小規模児童養護施設だけで、小規模グループケアや小規模グループケア分園型は含まれない。

　そして、さらに小規模型施設の夜間の勤務体制の課題である。現在の夜間の勤務体制の多くは宿直勤務である──宿直勤務とは、労働基準法第41条による断続的労働の一態様であり労働者が事業場内で夜間あるいは休日に緊急電話の収受、防火・防災のための定期巡視などを行い、非常事態に備えるものなどで、原則常態としてほとんど労働する必要のない勤務態様をいう。所轄労働基準監督署長に許可申請を行い、ある一定の許可基準に合致し、許可を受けた場合に行うことができる。また、その回数は週1回が限度とされている。一方、夜勤とは、労働者が夜間において本来業務に従事する場合をいう──。通常では小規模型施設において職員1人の宿直で労働基準監督署に許可申請しても許可は下りない。つまり、夜間の勤務体制としては1人の宿直勤務では子どもの管理体制上不十分であるとの判断である。しかしながら、多くの小規模型施設では、1人の職員が週2〜3回の宿直勤務を行い足りないマンパワーを補っているのが現状である。労働基準監督署は、夜勤にしなければ夜間の管理体制が十分でないとするならば、週に7人の夜勤者が必要となり職員配置が6人になったとしても足りないばかりか、そうすることにより職員はまた一人勤務が常態となり負担は一向に減らないことになる。

　このように、現状の職員配置での小規模型施設は良い方策とはいいがたく、職員体制が不十分なまま施設の家庭的養護を推進していくことは、子どもの支援においても総合的にみて良い方策とはいえない。そういった意味でも先行して取り組んでいる施設の知見をよく踏まえ、慎重にことを進めていかなければ拙速な整備は施設崩壊を招きかねない。子どもにとって、よりのぞましい生活環境を整備することは大切であるが、職員が継続して勤務ができないような状態の体制での整備は、結局子どもの良い支援につながらず本末転倒というよりほかにないのである。

Ⅲ-8　障害のある児童への社会的養護

① 児童発達支援センター（通所施設）

浩人ちゃん、母親へのアドミッションケア

　浩人ちゃんは3歳の男子で自閉症の疑いがある。父親は月に半分は営業出張で不在の日が多い。自宅にいるときでも浩人ちゃんとのかかわりも少なく、専業主婦である母親に育児が任されている様子である。1歳6か月健診で言葉の遅れが指摘され、子ども同士のかかわりがまったくなく、

ひとり遊びが多いとされる。それによって保健所のフォロー教室であるひよこ遊び教室に参加する。浩人ちゃんのことが地域療育四者実務会議（児童相談所、家庭児童相談室、保健所、児童発達支援センターあひる園コーディネータで組織し１か月に１回会議開催）でケース検討され、浩人ちゃんの言葉の遅れ、母親の育児不安が高いことを鑑みて、児童発達支援センターでの療育が適当とされ、児童相談所の児童福祉司より児童発達支援センターあひる園を紹介される。母親も通園に同意し、浩人ちゃんが２歳２か月のとき措置となる。

Q1　1歳6か月健診、3歳児健診について調べてみよう。

Q2　上記に出てきたそれぞれの機関について、障害児についてどのような役割を果たしているかを調べてみよう。

児童発達支援センターの通園の様子（インケア）

　児童発達支援センターあひる園では、浩人ちゃんは2歳クラスのさくらんぼクラスとなった。さくらんぼクラスでは、表Ⅲ-3のような日課で親と子どもとが一緒に通園する**親子通園**での療育が行われている。

表Ⅲ-3　あひる園での一日

9：45	10：00	10：30	11：00	12：00	13：00	14：00	14：30
登園	朝のつどい	朝の体操	設定遊び	昼食	自由遊び	お帰りのつどい	降園

　浩人ちゃんは、4月より週3回の親子通園を開始することになった。1歳6か月健診の時に会った顔見知りの田中保健師があひる園の玄関で待っていた。田中保健師よりさくらんぼクラスの青木保育士を紹介される。井上児童指導員が母に「おはようございます」と声をかけ、さくらんぼクラスの親担当であると自己紹介をした。母は、「おはようございます」と返答するのみで硬い表情をしていた。浩人ちゃんはクラスの部屋に行く途中、ホールのおもちゃ棚に行き、早速プラレールを引っ張り出して並べていた。母は、その姿をボーッと見ているだけであった。さくらんぼクラスの青木保育士がクラスへ母を案内し、あひる園の概要、療育の内容等々について説明を

始めた。母はそれを緊張した表情で聞いていた。一方、さくらんぼクラスの子ども担当の深井保育士が浩人ちゃんの遊んでいる所に行って、本児と一緒に遊ぼうとしたが、深井保育士が近づくと、ホールの別の場所にスーッと動いていった。深井保育士は、無理に遊びに誘わずに本児の様子を観察し時折浩人ちゃんのしていることを言語化し、声かけをしていた。

さくらんぼクラスの設定遊び

井上児童指導員が療育の様子を説明し、母親は真剣に見学していた。浩人ちゃんはその様子を見ずに、さくらんぼクラスにあるプラレールを並べていた。

設定遊びになるときに親との分離がある。クラスの他の子どもは、しっかりと親とバイバイして別れた子もいれば、分離時に大泣きする子もいた。浩人ちゃんははじめての経験であったが、母子分離のときに、母を気にすることもなく、好きなおもちゃをもって並べる遊びをしていた。

週に1回保護者ミーティングがあり、ちょうど登園初日は設定遊びの時間が保護者ミーティングの時間であった。親担当の井上児童指導員から、クラスの他の親の紹介があり、母親も自己紹介をした。今回の話題は、トイレットトレーニングであった。クラスの中では、自立できている子どもはまだ半数ぐらいで、失敗した話、上手くいった話など、皆井戸端会議風にいいたいことを気軽に話せる場であった。しかし母は、他の親の話をただ聞くだけであった。

設定遊びが終わり、昼食時間となる。深井保育士は、浩人ちゃんは偏食がきついと田中保健師より聞いていた。本日のメニューは、ちょうど浩人ちゃんの好きなスパゲッティナポリタンとスープ、サラダであった。サラダはまったくさわりもせず、大好物のスパゲッティとコーンスープとは完食であった。

自由遊びは、ホールでプラレールを並べて遊ぶが、初日で疲れたようで、途中で午睡する。

Q3　あひる園での1日の生活について、浩人ちゃん、お母さんはどう受け止めただろうか、考えてみよう。またグループで話し合ってみよう。

....

....

....

....

....

朝のつどいと母親教室での様子

1か月が経過する中で、浩人ちゃんは母親の膝の上に座って、朝のつどいをするようになった。しかし母子分離時では、母親を一瞬気にする様子が多少見られてきているが、まだ母子分離不安というところまでは至っていなかった。排尿、排便についてはずっと紙おむつを使用しており、感覚がつかめていない。設定遊びについてもまだ興味を示さないで、おもちゃ棚から好きなプラレールを出してきてはそれを並べて遊んでいる。徐々に大人を介して遊ぶ経験を増やすよう声か

けをして体験を増やしていくようにする。

　保護者ミーティングでは、まだ母親が発言するところまでは行ってなかったが、うなずくことが多くなってきていた。その頃、井上児童指導員と個別面談をすることとなった。相談室に入り、母親は少し緊張していた。井上児童指導員から、生まれてから今日までの浩人ちゃんの家での様子について尋ねられると、母親は思わず号泣してしまった。井上児童指導員はその様子を受け止めるようにつきあった。母親は、20分ほど泣いた後、徐々ではあるが落ち着いてきた様子だったので、井上児童指導員は「今日の面談はこれで終わりましょうか。先にクラスに帰っていますね。クラスに来てくださいね」といって相談室を出た。

Q4　浩人ちゃんの状況についてまとめてみよう。

Q5　児童発達支援センターについて機能、役割について調べてみよう。

Q6　面接で、母親が号泣したことについてあなたはどう考えますか。

浩人ちゃんについてのケースカンファレンス

　浩人ちゃんが通園しだして、1か月半が経過したところで、**CC（ケースカンファレンス）** を実施。参加メンバーは、親担当の井上児童指導員、子ども担当の深井保育士、さくらんぼクラスの他の保育士、児童指導員、クラス担当看護師、栄養士、理学療養士、保健師、さくらんぼクラス担当のソーシャルワーカー等によって行われる。各方面から現状をまとめて報告し合い、今後の療育の方針が決定された。

> **浩人ちゃんの支援計画**
>
> ⑴ 母子としっかりバイバイをする。
>
> 母子分離不安を経験する。
>
> 大人との関係を構築する。
>
> →そのためには、母子分離不安が出てきたときは、子ども担当の保育士ができる限り本日の気持ちを
> 　受け止めるようにする。その後設定遊びへと声かけをしながら誘っていくようにする。
>
> ⑵ 設定遊びでしっかり参加して遊ぶ。
>
> →大人の支援を介して遊びの場面を楽しむ。
>
> ⑶ 自由遊びでは、遊びのバリエーションが広がるように積極的にかかわっていく。
>
> →遊びのバリエーションを増やしていけるように大人からの誘いかけ、経験を増やす。
>
> ⑷ 定時排尿への誘導。
>
> →トレーニングパンツをはくようにして、時間を見て食後に必ずオマルに座るように促し誘導する。
>
> ⑸ 母親へは、個別面接を適宜もち、浩人ちゃんの家庭での様子を聞き、子育ての支援をする。
>
> →また子育てへの意欲と親ミーティングを中心にして母親の子育てへの思いについて話す機会を増や
> 　すように支援する。

等々が支援計画として設定された。まず保育士等の大人との関係づくりをし、徐々に朝のつどい、終わりのつどい等でクラスの他の子どもについて関心がもてるようにかかわっていく。

Q7　5点の支援方針について、どんなかかわりをもてば良いかをグループで話し合ってみよう。

母子分離時での様子（インケア）

　3か月が経過する頃、母子分離を予測し、朝の体操が終わってクラスに戻ってきてから母親にくっついて離れなくなり、また母子分離時に母親を後追いして泣くようになった。泣いたときには、深井保育士ができる限りかかわって、本児の気持ちを受け止めるようにした。それから2か月近くは激しく泣きつづけ、そのまま入眠してしまうこともあった。その後は、段々と母親とバイバイができるようになり、設定遊びに入っていけるようになってきた。

Q8 母子分離時に当初は泣かなかったが、3か月ほど経ったときの様子について気づいたことを話し合ってみよう。

いろんな素材（設定遊び）での浩人ちゃんの様子

　浩人ちゃんは、最初母子同室の**設定遊び**にまったく興味を示さなかった。また、絵の具を使ったぬたくり遊びなど、手が汚れるのを極端に嫌がっていた。クラス保育士が本児の様子を見ながら絵の具を手や腕につけていったが、これも嫌がり母親の膝の上からおりず、しがみついていた。深井保育士が徐々に絵の具を塗り、トイレットペーパーを使ったお面つくりに関心をもつようになり、少しさわれるようになってきて、母親の膝の上からおりてくるようになった。母子分離時は深井保育士にしがみつく場面がみられていたが、深井保育士が「さあ浩人ちゃん遊ぼうね！」と声かけしながら、本児のペースに合わせながら設定遊びに参加できるように配慮し、浩人ちゃんも徐々にではあるが、遊びに興味をもってきているようである。

　運動遊びやサーキット遊びは、深井保育士が本児に常に声かけをしながら遊びに誘うと、気持ちが乗っているときには、声を上げて笑顔で遊ぶようになってきた。浩人ちゃんももっと遊びたいときには、笑顔で深井保育士の手をとって引っ張っていくようになった。

Q9 母子分離と母子同室での設定遊びが行われているが、その理由を考えてみよう。

Q10 浩人ちゃんへの設定遊びでの保育士の取り組みについて考えてみよう。

トイレットトレーニング（インケア）

　朝9時45分に登園してすぐに紙おむつからトレーニングパンツにはき替えるようにし、初めのうちは母親がはき替えさせていた。浩人ちゃん自身も、当初あまり気にせずパンツをはいていたが、排尿してしまうと冷たい感じになるのか、数回、トレーニングパンツを試みていくうちに、浩人ちゃんがはき替えるときにぐずりだし、パンツを1人で脱ぎ、紙おむつを母親のところにもっていくようになった。そして深井保育士が「さあトレーニングパンツはこうね」と声かけをしてはかせても、すぐに脱ごうとする。2週間ほどこのやりとりが続き、浩人ちゃんは、とうとうクラス室に入るだけで、「ぎゃー！」といってぐずりだしてしまった。すかさず担当の深井保育士が、浩人ちゃんを抱っこして、「そうなん、嫌やったな」と声かけをしながら、気持ちを受け止めるようにした。

　約1か月たち、本児もだんだんとトレーニングパンツをはくことへの抵抗感が少なくなってきて、母親および深井保育士がトレーニングパンツをはかせようとすると、ぐずることなくはくようになった。

　運動遊びの設定遊びの時間に尿失禁してしまい、少し下を向いてパンツを気にする動作が見られてきた。その後排尿時間を見ながらオマルに座り排尿を試みる。時間間隔は約1時間半で試みるが、パンツを脱いでオマルに座ってもなかなか出ない。トレーニングパンツをはかせると、しばらくして尿が出ていることが多い。間隔を10分きざみで遅らせて試してみるが、今度はオマルに座るまえに出てしまうことが多くあった。今度は間隔を狭めてトライするが、それもなかなか成功しない。

　母親担当の井上児童指導員が母親に自宅での様子を尋ねると、どうも自宅ではずっと紙おむつをしている様子。できる限り自宅でもトレーニングパンツをはくようにお願いして、園と自宅と同じ取り組みができるようにする。約2か月が経過して自宅で成功したことを井上児童指導員が聞く。「トレーニングパンツのままオマルに座ったんですよ、偶然に。そしたら、そのままおしっこしたんですよ。そしてはき替えさせて寝る前にちょうど時間になったので、パジャマに着替えさせるときに、脱がせてオマルに座らせたら、下を向いたかと思ったら、おしっこ出たんです」と、母親は本当にうれしそうに笑顔で報告してくれたとのことであった。

　その翌週に通園してきたときに、朝何時にトイレをしたのかをお聞きして、朝のつどいが終わった頃、定時排尿でトレーニングパンツを脱いでオマルに座ってもらった。そうすると下を向く動作が見られたときに排尿をしていた。深井保育士が「わー！おしっこ出たね。浩人ちゃん出たね」というと、浩人ちゃんもうれしそうな笑顔を深井保育士に見せた。

Q11　浩人ちゃんのトイレットトレーニングの試行についてグループで話し合ってみよう。

....

....

....

....

Q12　母親担当の井上児童指導員の対応についてグループで話し合ってみよう。

通園開始から6か月後の様子（インケア）

　通園開始から6か月が経過し、設定遊びでダイナミックな動きのある遊びのときに、声をあげて笑顔で遊ぶようになった。またトランポリン遊びやハンモック遊びなどには、保育士の手を引いて、再度するようにと催促する場面が見られるようになった。感触遊びも当初は、手が汚れることが嫌なようで、なかなか遊びに参加できていなかったが、クラスの職員の声かけによって少しずつではあるが、さわってみようとする動作が見られるようになってきた。母親も設定遊びの場面に一緒に参加し、浩人ちゃんの表情の変化を見て、またトイレットトレーニングで定時排尿を成功したことから、親ミーティングの場面でもいろいろな話をすることが増えてきて、表情に笑顔が見られるようになってきた。また浩人ちゃんも母子分離時にはしっかりと母親とバイバイできるようになり、自由遊びでもいろいろな遊びに興味をもつようになってきている。

Q13　この事例の浩人ちゃんのさくらんぼクラスでの療育を通して、保育士としてのかかわりについて考えてみよう。

Q14　児童発達支援センターでの保育士の役割と支援内容についてグループで話し合ってみよう。

〈解説〉

児童発達支援センター

　児童発達支援センターは、児童福祉法第43条にあるように「児童発達支援センターは、次の各号に掲げる区分に応じ、障害児を日々保護者の下から通わせて、当該各号に定める支援を提供することを目的とする施設とする。

　一　**福祉型児童発達支援センター**　日常生活における基本的動作の指導、独立自活に必要な知識技能の付与又は集団生活への適応のための訓練

　二　**医療型児童発達支援センター**　日常生活における基本的動作の指導、独立自活に必要な知識技能の付与又は集団生活への適応のための訓練及び治療」

として、障害のある子どもたちに対して、日常生活における基本的動作、生活上必要な知識、技能の習得、この社会での集団生活への適応等の訓練を行うこととされ、小学校就学始期まで、主に重度の障害のある子どもたちが日々保護者のもとから通所という形態で「療育」を受ける施設であるといえる。

　「福祉型」と「医療型」との違いについては、福祉型の児童発達支援センターでは、難聴幼児、知的障害、重症心身障害児等が通所して療育を受ける。医療型児童発達支援センターには、医療法に基づく「診療所」が設けられ、他に指導訓練室、野外訓練場、相談室、調理室等がもうけられ、福祉的ケアと共に治療（医療的ケア）を行う点に相違点がある。

　児童発達支援センターでの保育士の専門性としては、障害のある子どもの日々の成長発達過程を見守りながら、その障害児の日常生活（ADL＝日常生活動作）側面の獲得支援が大きな役割となる。

　具体的に言うと、子どもがいろんなことに対して興味をもち、体験し、意欲をもって取り組み、いろんな活動を獲得していけるように支援することである。もちろんその一番の支援者である保護者への支援も非常に重要なことであり、母親の受け止め方（障害受容）の状況によって、子どもの状況にも大きな変化をもたらすことがあるといえる。

　これらのことから保育士としては、常に子どもの状況と保護者を含むその子どもを取り巻く環境をよく観察し、介入支援していくことが重要であると考える。

② 障害児入所施設（医療型）

入所に至る経過（アドミッションケア）

　元志（げんじ）くんは、中学2年生（14歳）、脳性麻痺。母は専業主婦であったが、本児が生まれてからしばらくして夫の浮気が発覚し、その後離婚し母子家庭となり、現在ビルの清掃会社に勤務している。小学1年生になるとき、母親に肝炎が発覚し、入院治療が必要となったため、家庭での生活が困難となり障害児入所施設あおば医療福祉センター（仮称）に入所となる。

　元志くんは、入所当初は、ADLは、上肢、下肢（変形拘縮あり）、排泄一部介助が必要であったが、その他は何とか自立しており、杖を使っての歩行が可能であった。しかし、だんだんと四肢麻痺がひどくなり、小学4年生頃から歩行困難となり車椅子を利用している。それ以後PT（理学療法士）、OT（作業療法士）、ST（言語聴覚士）等の訓練をしている。体調を崩すことが周期的にあり、時折呼吸困難の状況に陥って人工呼吸器を使用するときもある。常に医療的ケアを必要としてい

る。

　元志くんは、コミュニケーションについては、言語障害があり少し聞き取りにくいが、会話は可能である。現在、あおば医療福祉センターでは、近隣にある東部特別支援学校の訪問学級で学んでいる。（中学3年生となった現在は）勉強が好きで、特に国語の成績がよい。詩を書くのが好きで将来詩人になりたいという夢がある。担当の上田看護師（男性）と、いつも詩について熱心に話をしている。ADLについては全介助。食事は何でも好き嫌いなく食べるが、嚥下障害もありむせるときが多い。排泄についてはおむつ使用であるが、定時にトイレに誘導すると排尿ができている。田辺保育士（女性）が、**ダイパー（おむつ）交換時**に介助すると元志くんの四肢の動きが多くなり、表情も少し赤面し、緊張がきつくなりながら介助を受けている。いつも「すみません」と口癖のようにいっている。

Q1　障害児入所施設について調べてみよう。

Q2　元志くんの現況についてまとめてみよう。

Q3　PT、OT、STの職種内容について調べてみよう。

Q4　ダイパー交換時の田辺保育士の介助に対して、なぜ元志くんの動きが多くなるのだろうか　考えてみよう。

母親の施設訪問について

　母親は、現在も体調がすぐれず自宅療養中であるが、以前勤めていた清掃会社での短時間のパートは継続し、生活保護を受給している。元志くんは普段より常に母親の病気のことを気にしており、自分のせいで病気になったと思っている。定期的な母親の面談を非常に楽しみにしており、前日からニコニコした表情が非常によい。看護師Uにも「明日母親が来るねん。めっちゃ楽しみやねん、こんなん作ってん」と自作の詩をうれしそうに見せていた。しかしながら、次の日母の体調がよくないということで急遽キャンセルとなり、元志くんに「急遽今日は来れなくなった」と田辺保育士が伝えると、元志くんは「そうなんや、母ちゃんも忙しいからなあ」といった。田辺保育士が元志くんを元気づけようと、「しょうがないやん、体調が悪いのだから」といったが、元志くんは心配そうな顔になり、何もいわずうつむいてしまった。

Q1　元志くんがうつむいて何もいわなくなってしまった気持ちを考えてみよう。

Q2　田辺保育士の発言について、どう思うか、またグループを作って話し合ってみよう。

Q3　障害児入所施設での保育士の役割について考えてみよう。

Q4　この様子を母親にはどのように伝えたらよいだろうか、考えてみよう。

〈解説〉

障害児入所施設（医療型）について

　障害児入所施設（医療型）は、病院と同様の形態をとって対象児の福祉的ケア（生活支援）に併せて治療（医療の提供）を行う施設である。多くの場合、常時医療的ケアが必要な子どもたちが入所している。そのために種々の医療系スタッフが配置され、入所者の生命、疾病、障害等への医療的アプローチを行うが、保育士と共に介護福祉士等は、入所者の「生活」に視点を置いた福祉的ケアとしての生活支援を行っている。そしてこの両者、福祉系（保育士、介護福祉士等）のスタッフと医療系スタッフとは、常に連携しチームとして入所者のケアを行っているため、異業種とのチームアプローチが重要になってくる。

　また子どもたちの生活年齢に伴う発達状況に合わせた配慮を行うことが大切である。この場合は性について配慮することも重要な側面であるといえる。

　保護者との面談も、子どもたちは非常に楽しみにしており、約束が守られなかったときは、非常に落胆し、子どもと保護者との信頼関係に影響を与える場合もある。子どもにとって、保護者（親）はどんな状況であっても絶対的な存在であるといえる。その側面を理解して保育士として子どもたちへの支援のあり方を考えることが重要であると考える。

【引用・参考文献】

Ⅲ-1

小池由佳・山縣文治編著『社会的養護』ミネルヴァ書房、2016 年。

Ⅲ-3

厚生労働省雇用均等・児童家庭局「児童養護施設入所児童等調査」2018 年。

厚生労働省雇用均等・児童家庭局 家庭福祉課「社会的養護関係施設における親子関係再構築支援ガイドライン」2014 年。

厚生労働省雇用均等・児童家庭局長「児童相談所運営指針」2020 年。

厚生労働省雇用均等・児童家庭局長「児童養護施設運営指針」2012 年。

厚生労働省子ども家庭局家庭福祉課「社会的養育の推進に向けて」2019 年。

Ⅲ-4

厚生労働省雇用均等・児童家庭局「児童養護施設入所児童等調査」2018 年。

厚生労働省雇用均等・児童家庭局 家庭福祉課「社会的養護関係施設における親子関係再構築支援ガイドライン」2014 年。

厚生労働省雇用均等・児童家庭局長「児童相談所運営指針」2018 年。

厚生労働省雇用均等・児童家庭局長「児童養護施設運営指針」2012 年。

厚生労働省子ども家庭局家庭福祉課「社会的養育の推進に向けて」2019 年。

社会福祉法人 全国社会福祉協議会 全国乳児福祉協議会 乳児院の今後のあり方検討委員会 報告書「『乳幼児総合支援センター』をめざして」2019 年。

Ⅲ-6

子どもの虹情報研修センター（研究代表者 滝川一廣）『児童虐待における援助目標と援助の評価に関する研究 被虐待児童の施設ケアにおける攻撃性・暴力性の問題とその対応─情緒障害短期治療施設での事例分析的研究─』2006 年。

親子関係再構築支援ワーキンググループ『社会的養護関係施設における親子関係再構築支援事例集』2013 年。

Ⅳ章
家庭支援と家庭養護の実際

Ⅳ-1　家庭養護の推進

1　里親制度の特性と実際

　E. H. エリクソンらは、人間の発達を全体としてとらえ、精神の発達にも身体の成長と同じように順序があり、年齢に応じた発達段階を土台にして次の発達が準備されると考えた。すなわち、乳児期の心理的発達課題は、その後の幼児期、学童期、成人期の発達の基礎となり、人生を大きく左右するのである。

　乳児期の心理的発達課題とは、特定の大人（通常は親）を十分に信頼することで、他者や自分も信頼できるようになることである（基本的信頼感）。快を求めれば親が提供してくれ、声を出せば親が応えてくれる。愛され、大切にされることで、情緒的な絆である愛着（アタッチメント）が深まり、情緒が安定し、人への信頼感が生まれる。そのため、親の不在や、養育の拒否、虐待などで、愛着の形成がうまくいかないと、他者との関係が適切に築けなかったり、集団に適応できなかったりといった問題を生む。愛着の形成は、乳幼児期における最も基本的な社会的心理的課題なのである。

　そのため、里親ケアにおいても、愛着形成が重視されており、「里親委託ガイドライン」（2011年）には、里親委託に期待できることとして、「①特定の大人との愛着関係の下で養育されることにより、自己の存在を受け入れられているという安心感の中で、自己肯定感を育むとともに、人との関係において不可欠な、基本的信頼感を獲得することができる」（p. 2）とある。

　遠藤（2017、pp. 38-39）は、愛着関係を築くためには、養育する大人が「身体的なケアや感情的なケアを、十分に子どもに与えられること」「子どもの生活全般にわたって、連続かつ一貫した存在であること」「自分が頑張ることで、子どもが成長し発達してくれるのであればそれが自分の喜びとして報われるという感覚」が必要であるとしている。もちろん、どのようなときも子どものそばにいて、愛情たっぷりに接することができればいいが、それができないことの方が多い。遠藤は続けて、「子どもが予測できない形で養育者が不規則にいたり、いなくなったりしないということが大切」であるとしている。

　例えば、親がいつ帰って来るのかわからない、今日帰って来るかどうかもわからない、食事をとることができるかどうかもわからない、といった生活では、不安でいっぱいになるだろう。さらに、親の不在だけでなく、親の感情が不安定で言動が一致せず、顔色を常にうかがわないと（うかがってもうまくいかないのだが）いけない家庭が「一貫した存在」といえるだろうか。

　一方で、愛着の形成は、親としかできないものではなく、また他者と愛着を結んだからといって親との愛着が失われるわけでもない。そのため、身体的・感情的ケアを子どもに十分与えて、

養育の見返りを求めなければ、施設職員であっても愛着を築くことができる。しかし、「児童養護施設運営指針」(2012 年) にあるように、「子どもにとって、大人は『共に居る』時間の長短よりも『共に住まう』存在であることが大切」(p. 6) である。委託初期に集中的に一緒にいる時間を増やしたとしても、「共に住まう」ことは難しく、先の見通しが立たない乳幼児には、職員のシフトを理解することは難しい。常に、次に会えるのはいつかという不安を抱える。社会的養護は、多くの場合が途中養育で、愛着形成に時間を要する年代の子どもが多いことを考えると、「共に住まう」里親が望ましいのはいうまでもない。

　また、ガイドラインでは、「②里親家庭において、適切な家庭生活を体験する中で、家族それぞれのライフサイクルにおけるありようを学び、将来、家庭生活を築く上でのモデルとすること」や「③家庭生活の中で人との適切な関係の取り方を学んだり、身近な地域社会の中で、必要な社会性を養うとともに、豊かな生活経験を通じて生活技術を獲得すること」が里親には期待できるとして、里親委託を優先して検討するべきであるとしている。

　誕生日に家族で祝ったり、特別な日には外食をしたり、指定された日にごみを出したり、といったごくあたりまえの家庭生活を経験していない委託児童もいる。こうした行事やルールを通して、ライフサイクルや、人との適切な関係のとり方を学び、将来の家庭生活をイメージできる。

　だが、これらはあくまでも、さまざまなことがうまくいった場合であって、現実には困難な養育が待ち受けている。里親の特性を示す客観的な指標が、里親委託にいたった理由である。

　児童養護施設の入所理由は、母の放任・怠だや母の虐待・酷使などの虐待的理由が多い。一方で、里親委託の理由には、養育の拒否 (15.3 %) や母の死亡 (10.8 %) といった養育者の不在が多い (表Ⅳ-1)。委託開始年齢も、里親は、0～3 歳で 45.5 % を占めるなど、比較的早い段階で母親に養育できない・しない理由が現れたことがわかる。

　もともと里親とは、平安時代にまで遡ることができる「里」(地域) の「親」であり、親のいない子どもを地域全体で養育するという日本の風習であった。明治以降に慈善事業として始まった児童福祉施設が、大正・昭和に公的事業となっても、人手を必要とする農家への私的な里親委託は行われていた。しかし、産業化が進んで通勤する人が増え、学校教育が普及すると、日中に家にいる人が少なくなり、他人の子どもを預かることは難しくなった。第二次世界大戦後は、児童福祉法において、児童福祉施設 (第一種社会福祉事業) と里親 (第二種社会福祉事業) が定められたが、社会的養護の中心は施設で、里親はボランティア的な位置づけのまま経過した。

　しかし、Ⅴ章でも述べるように、児童の権利に関する条約の批准によって家庭養護推進の気運が高まると、諸外国に遅れること 50 年、ようやく 2002 年から里親ケア改革が始まった (表Ⅳ-2)。

表Ⅳ-1　里親委託理由と児童養護施設入所理由 (2018 年)

	1 位	2 位	3 位	4 位
里　親	養育の拒否 (15.3 %)	母の精神疾患等 (12.5 %)	母の放任・怠だ (11.9 %)	母の死亡 (10.8 %)
児童養護施設	母の放任・怠だ (15.0 %)	母の精神疾患等 (14.8 %)	母の虐待・酷使 (13.1 %)	その他 (9.2 %)

(出所) 厚生労働省子ども家庭局・厚生労働省社会援護局障害保健福祉部「児童養護施設入所児童等調査の概要 (平成 30 年 2 月 1 日現在)」2020 年。

表IV-2　里親制度改革

年	定義	支援	専門性
2002	専門里親、親族里親の創設	里親支援事業・レスパイトケア	省令・最低基準制定
2004			監護、教育、懲戒権規定
2006		里親委託推進事業	
2008	養子縁組希望里親、ファミリーホームの創設	里親支援機関事業・里親手当を倍額	養育里親の研修義務化
2011	里親委託優先原則・おじやおばの養育里親適用		里親委託ガイドライン・社会的養護の課題と将来像
2016	児童福祉法改正	里親支援を児童相談所に義務化	養子縁組希望里親の研修義務化
2020		里親手当の増額	

（出所）厚生労働省「社会的養育の推進に向けて（令和2年4月）」2020年から作成。

　まず、初期は、「里親の認定等に関する省令」や「里親が行う養育に関する最低基準」といった基礎的法令を定め、また、里親のやる気や優しさに頼って里親支援を後回しにしてきたことを改め、「里親支援事業」「一時的休息のための援助（レスパイトケア）」を実施した。

　続いて、里親に委託すると養子縁組となるのではないかという誤解を解くため、養育里親と養子縁組希望里親を分離し（2008年）、東日本大震災によって家庭を失った子どもを養育しやすいようにおじ・おばにも養育里親を適用した。一方で、里親の専門性向上のために、養育里親の研修義務化（2008年）、養子縁組里親の研修義務化（2016年）、手当の増額、里親支援の法定化といった整備を行った。

　2011年の「里親委託ガイドライン」と「社会的養護の課題と将来像」で里親委託優先原則が立てられ、2016年の改正児童福祉法で、里親は「家庭と同様の養育環境」と定められた。

　里親は、児童福祉事業であるため、委託に必要な生活費と**里親手当**が支払われる。里親手当は1951年の創設時から250円であったが、例えば1957年の日本の平均月収は1万円であり、新聞購読1か月330円よりも低かった。1970年代以降は、毎年1000円ずつ増額し、専門性の向上のため2009年には倍増した。2020年には、8万6000円から4000円増額して9万円となった（図IV-1）。専門里親の手当も同じく4000円増額され、14万1000円となったが、それ以上に大きな変化は、養育里親・専門里親共に2人目以降も同額となったことである。養育里親の2人目は4万3000円→9万円、専門里親の2人目は9万4000円→14万1000円へと、共に4万7000円増額した。これは、2人目以降の委託を増やして、里親委託全体の委託児童数を増やすことが目的である。**レスパイトケア**（一時的に他の里親が預かる）も、これまで日額5600円だったが、乳幼児の里親委託を促進するため、2歳未満については8640円に引き上げた。

　2016年の児童福祉法改正によって、社会的養護は「家庭と同様の養育環境」を優先して児童を委託することとなったが、その内訳は、養子縁組（特別養子縁組を含む）とファミリーホームと里親である（図IV-2）。**ファミリーホーム**は、養育者の住居で定員5〜6人を養育する家庭養護で、養育里親が自宅をファミリーホームにする里親型と、児童養護施設などが住居を提供して職員を養育者とする法人型がある。ファミリーホームは、施設の小規模版ではなく里親の拡大版であるため、法人型であっても職員の人事異動による養育者の変更は望ましくない。

　こうした家庭と同様の養育環境であるためには、金銭的負担も大きい。2019年度の里親の一般

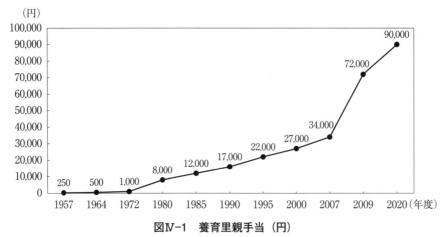

図IV-1　養育里親手当（円）

（出所）木ノ内博道「里親支援ブログ 木ノ内博道　養育里親の里親手当（月額）」2020年3月
23日配信（https://kinouchihiromichi.hatenablog.com/entry/2020/03/23/214234）を
もとに、2020年度額を追加して作成。

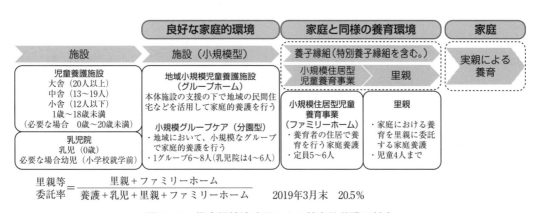

$$\frac{里親等}{委託率} = \frac{里親 + ファミリーホーム}{養護 + 乳児 + 里親 + ファミリーホーム} \quad 2019年3月末　20.5\%$$

図IV-12　児童福祉法改正による社会的養護の対応

（出所）厚生労働省子ども家庭局家庭福祉課「社会的養育の推進に向けて（令和2年10月）」2020年、12頁。

生活費（里親手当とは別に支給される子どもの生活費）は5万1610円で、教育費や医療費も別に支給さ
れるが、自宅のリフォームやエアコンの設置、車の買い替え、ベッド・学習机・パソコンの購入
など隠れた出費も多い。また、正式な里親委託前に、面会や外泊をしても経済的保障がなかった
が、2020年度から生活費等支援として日額5180円、研修受講支援として日額3490円の補助が創
設された。

　こうした里親委託推進の取り組みによって、里親委託率は、2009年3月末の10.5％から、2019
年3月末には20.5％へ上昇した。この間、乳児院入所率は0.5％しか減っておらず、児童養護施
設入所率が9.5％減っていることから、里親委託は主に児童養護施設入所児童を対象に進んだと
いえる。本来は、乳幼児の里親委託を推進しなければならず、今後の課題といえよう。また、日
本の**里親委託率**は、里親等委託児童数を、児童養護施設・乳児院・里親等（＊里親の他にファミリー
ホームを含んでいる）の児童数の合計で割ったもので、児童自立支援施設や児童心理治療施設、母
子生活支援施設などを除いているため、実際の委託率はさらに低くなる。

しかし、里親委託率を諸外国並みに引き上げるだけで子どもたちの生活がよくなるわけではない。里親委託率が低い自治体は子どもの養育力も低い、ということにはならない。これまで長年にわたり、地域で子どもの養育に奮闘してきた里親からすれば、急に「基準」や「法令」で養育内容を決められ、手当を増額するから専門性を身につけるように、といわれても納得できないところもある。

　もちろん、里親委託率が高いところには理由がある。新潟は、2019年3月現在、市（55.9％・全国1位）も県（40％・全国5位）も里親委託率が非常に高い。全国最小の熊本市（10.8％）とは5倍の開きがある。筆者は、新潟県の元児童相談所長の講演を聴く機会があったが、「新潟だけが特別だとは思わない」としながらも、「新潟県の児童相談所には、昔から『子どもにはやっぱり家庭だよね』という職員同士の暗黙の了解があった」と説明した。つまり、里親委託が広がらない原因は、「日本人は西欧人と違って血のつながりを重視する」とか「宗教の違い」ではない。それならば、全国の委託率が似ていなければならないし、新潟県の隣の山形（20％）や群馬県（17.4％）との違いの説明がつかない。里親委託率を伸ばした静岡市（48.5％・2位）や福岡市（47.9％・3位）、大分県（33.1％・10位）などは、児童相談所に里親専門の職員を配置したり、NPOと児童相談所が連携したりして啓発・広報・普及・支援活動を熱心に行った。里親委託が広がるために必要なのは、児童相談所の熱意と専門性である。

　里親になるためには、里親制度運営要綱において、「要保護児童の養育についての理解及び熱意並びに児童に対する豊かな愛情を有していること」と「経済的に困窮していないこと」（親族里親は除く。）と「里親本人又はその同居人が次の欠格事由に該当していないこと」が基本的な要件として定められている。欠格事由とは、成年被後見人や、児童福祉法や児童虐待防止法で罰金刑以上の刑に処せられたことがある者は、里親になることができないということである。親族里親を除いては研修が必要であり、基礎研修と実習を1日ずつ受講し、登録前研修と実習を2日ずつ行うと修了証が交付される。同時に、児童相談所に登録の申請を行い、家庭訪問や調査を経て、児童福祉審議会から意見聴取をして登録となる。筆者は児童福祉審議会の一員として、実にさまざまな年齢・職業・経験をもつ人たちがそれぞれに熱意をもって里親になることを希望していることを知った。1人でも多くの子どもたちが、こうした家庭に迎え入れられ、愛情を注がれることを期待したい。養育里親は、5年ごとに更新研修を受講しなければならず、3年以上の委託経験があれば専門里親研修を受けて専門里親に登録することができる。他方、専門里親は、2年ごとの修了研修を受講しなければならない。各里親別の委託児童数は表Ⅳ-3の通りである。

表Ⅳ-3　類型別登録里親数、委託里親数および委託児童数

	登録里親数	委託里親数	委託児童数
養育里親	10,136 世帯	3,441 世帯	4,235 人
専門里親	702 世帯	193 世帯	223 人
養子縁組里親	4,238 世帯	317 世帯	321 人
親族里親	588 世帯	558 世帯	777 人

（出所）厚生労働省「社会的養護の現状について」（福祉行政報告例）、2019年。

② 里親の支援団体

「平成30年度 福祉行政報告例」(2020年) によれば、2018年度に新規里親認定・登録者が1688人いる一方、何らかの理由で辞める「取消」が1093人いた。里親の人数を増やすためには、里親登録したものの委託されない「未委託里親」への支援が不可欠である。里親委託が進んでいる英国では、里親会への加入が義務づけられており、里親会での研修に一定回数参加することで、委託可能児童の条件や里親手当も上昇する。ベテラン里親は、初任者里親の研修を担当するなど支援の環境が整っている。

一般の家庭でも、子どもが何か問題を抱えたり不調に陥ったりすれば、外部の専門家の力を借りることがある。中途養育の難しさや子ども自身が抱える問題に対処するためには、里親も同様である。しかし、実親と協働したいと願っても、実親との交流を禁じたり、家庭訪問や里親サロンの開催だけを支援としたりする自治体もある。これでは、取消が増えるのも当然といえる。

そこで、里親のリクルートやアセスメント、登録後や委託後の里親研修、子どもと里親家庭のマッチング、里親養育への支援 (未委託期間中や委託解除後のフォローを含む) をフォスタリング業務 (児童福祉法第11条第1項第2号) として定め、委託可能な里親を増やし、里親不調 (委託がうまくいかず解除すること) を防ぐことがめざされている。フォスタリング業務を実施する機関を「**フォスタリング機関**」といい、本来は都道府県の業務であるため児童相談所が想定されているが、これまで担ってきた民間機関も、都道府県知事から委託を受けて「民間フォスタリング機関」となることができる (図Ⅳ-3)。

フォスタリング機関は、英国のFostering Agency (以下FA) をそのモデルの1つとしているといえるが、英国のFAは、日本とは違って、里親の募集・研修だけでなく、「認定」や「委託」も

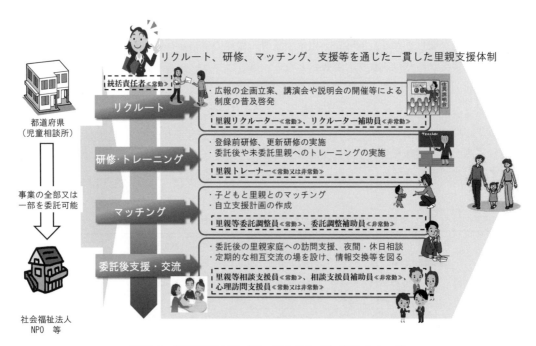

図Ⅳ-3 里親包括支援 (フォスタリング) 事業イメージ

(出所) 厚生労働省「社会的養育の推進に向けて (令和2年4月)」2020年、48頁。

行うことができる。500以上の独立（＝民間）FAがあり、自治体のFAと全く同じ権限をもち、よりよいサービス提供をめざして活動する。日本では、乳児院などが想定されているが、専門的な支援を行うには、今後の経験が必要となるだろう。

③　在宅養護の現状

　児童福祉法では、家庭を児童にとって自然な環境と定め、まずは児童が家庭において健やかに養育されるよう保護者を支援することとなっている（第3条の2）。ちなみに、2018年度の児童虐待相談対応は15万9838件あったが、施設入所（里親委託を含む）は4641件でわずか3％であり、ほとんどの児童が対応後も引き続き在宅で家族と過ごしている。虐待が再び起こらないように支援しなければならない。それが、子育て短期支援事業／ショート・トワイライトステイであり、子育て支援拠点施設である。

　まず、子育て短期支援事業とは、児童福祉法第6条の3第3項に定められたもので、①短期入所生活援助（ショートステイ）事業と、②夜間養護等（トワイライトステイ）事業がある。

　ショートステイは、保護者の病気や、育児疲れ、育児不安、看病疲れなどで身体的・精神的に負担があるような理由で家庭において養育を受けることが一時的に困難となった児童を児童養護施設等において一定期間（原則7日以内）、養育や保護する事業である。

　トワイライトステイは、保護者がトワイライト（薄明かり）、つまり日没から夜間にかけての時間に仕事などで不在となり家庭において児童を養育することが困難となった場合に、児童を児童養護施設などで保護し、生活指導、食事の提供等を行うものである。2017年度、ショートステイ実施施設は全国に797か所、トワイライトステイ実施施設は398か所で増加傾向である。近くに施設がない場合は、市町村から委託を受けた児童養護施設がさらに里親や保育士に委託していたが、市町村が直接里親に委託できるようになった。ますます、里親が地域の中で身近なものになることが期待できる。

　もう1つの家庭支援策が、市区町村**子ども家庭総合支援拠点運営事業**で、2016年の児童福祉法改正によって自治体に設置が義務づけられ、2022年までに全国の市区町村に設置をめざしている。これは、市町村に子ども家庭支援員や心理担当支援員、虐待対応専門員などを置き、子どもとその家庭や妊産婦等を対象に、実情の把握、情報の提供、相談、調査、指導、関係機関との連絡調整などを行う。つまり、市町村版児童相談所である。これまでの市町村の児童虐待対応は、市町村の予算の範囲で行っていたが、国の事業であるため補助金を活用できるメリットがある。また、都道府県と政令指定都市に設置が義務づけられた児童相談所は、児童虐待の発生予防というよりは発生後の支援が中心となる。例えば、保育所や小学校に登園・登校しなくなり、家庭訪問を行っても居所不明であるようなケースや、特定妊婦と呼ばれる生活上の問題を抱えた妊娠などには、市町村の方が対応しやすい利点がある。

　しかし、相談を受理して、支援の方針を定め、児童相談所や要保護児童対策地域協議会や、子育て世代包括支援センターと協力しながら援助を進めることができる自治体が、どれだけあるだろうか。児童相談所ですら、専門性をもった人員の確保が難しい現在、市町村がソーシャルワークの拠点になるなどということが実現可能であろうか。

　もちろん、昨今の児童虐待死亡事例を見ると、児童相談所と市町村の連携不足、あるいは学校

や医療現場での虐待の兆候の見落とし、初期対応の遅れなどは、ソーシャルワーク体制の不備から起こっているといっても過言ではない。市町村のソーシャルワーク体制の確保は急務であるが、そのためには、実践力のあるソーシャルワーカーをどう育成するかという教育と制度の確立が、さらに急務であろう。

<h2 style="text-align:center">Ⅳ-2　里親（家族再統合事例）</h2>

〈事例の背景〉

　さくらさん（14歳）は中学2年生で、母の文江さん（42歳）と妹の葵さん（11歳）の3人暮らしである。母の文江さんが5年前に前夫と離婚したため、母子家庭となった。

　さくらさんには軽度の知的障害があるが、簡単な会話や日常生活には問題がなく、中学校でも普通学級に通っている。しかし、母親は、さくらさんの知的障害を認めようとせず、テストの点数が低いときなどは激高し、傘で何度もさくらさんを殴りつけるなど、身体的虐待が見られた。妹の葵さんには知的障害がなく、文江さんは、さくらさんの努力不足だと叱りつけた。

　さくらさんは、徐々に家に寄りつかなくなり、夜の街を徘徊したり、学校を休んだり、生活が乱れてきた。担任教師が不審に思って話を聞いたところ身体的虐待が明らかとなり、児童相談所による一時保護となった。さくらさんは、児童相談所職員に、「お母さんに会うのはいやだ」「家には帰りたくない」という。その様子を文江さんに伝えると、文江さんは、地域の有力者や市議会議員の名前を出すなどして、さくらさんを返すように児童相談所職員に圧力をかけてきた。

1　里親ケアの日常生活支援事例（アドミッションケア）

　さくらさんは、友人と離れて施設入所することにためらいを見せたので、児童相談所職員は、転校せずに済む学区内の里親委託を勧めることにした。

　さくらさんは里親についてピンと来ないところがあり、文江さんも里親と養子縁組の違いがはっきりせず、はじめは反対していたが、「どうせ、さくらは帰って来ないんでしょ」と半分諦めたような態度を見せた。さくらさんは、学校にも行くことができない一時保護所の生活に疲れを見せたので、「しばらくの間、別のおうちで暮らすのはどう？」と説明し、地域の里親である大吉さん（58歳）と光代さん（54歳）の夫婦を一時保護所に招いて、面会を行った。

　大吉さんは障害児のデイサービスで働いた経験があり、現在は自宅でレストランを経営している。光代さんは短大を卒業した後、大吉さんと結婚するまでの6年間、保育士として働いた経験もあり、レストランの経理と調理を手伝っている。大吉さんは、レストランで調理した料理を持参し、一時保護所の小グラウンドで一緒に食べたり、光代さんはさくらさんの髪を編んだりして楽しみ、その後も何度かの交流を続け、文江さんも納得して里親委託となった。

　さくらさんは、はじめは、大吉さん光代さんともう1人の里子である愛さん（17歳）の家族に溶け込んでいるようだったが、10日を過ぎた頃から、夜中に大きな声を出したり、水道を出しっぱなしにしたりするなどの試し行動がみられ始めた。

Q1　里親家庭に委託される場合、どのようなことに不安を感じるだろうか。

Q2　試し行動への対処にはどのようなものがあるだろうか。

Q3　里親側の不安にはどのようなものがあるだろうか。

---

② 日常生活支援事例2（インケア）

　さくらさんは、里親家庭から中学に登校し、以前のような生活の乱れはなくなり、中学3年生になると高校への進学についても考え始めた。しかし、さくらさんはほとんど授業についていけなくなり、普通高校に進学できるのか悩み、大吉さん光代さんも三者面談で担任と話し合いをもったが、なかなか決めきれなかった。さくらさんも「なりたいものもないし、もうどうでもいい」と投げ出すことがあり、進路選択が大きな悩みとなっていた。

　児童相談所の児童福祉司は、文江さんに、さくらさんの療育手帳を取得してはどうかと相談してみた。最初は大きなとまどいがありながらも文江さんの了解が得られたので、児童相談所で心理判定を受け、知的障害B2と診断されて療育手帳を取得した。その後、さくらさんが「パンとか食べ物を作る仕事がしたい」と話すようになり、大吉さん光代さんは、担任とも相談して中学卒業後は支援学校から福祉就労を目指してはどうかと考え、さくらさんは支援学校に進学するこ

とにした。

Q1 高年齢（15歳）でB2（軽度）の知的障害という子どもに、里親はどのような支援をする必要があるだろうか。

....

....

....

....

Q2 就学年齢の子どもにとって学校での生活はとても大切であるが、学校や実親と連携して進めなければならないことにはどのようなものがあるだろうか。

....

....

....

....

Q3 進路について考えるとき、大切なことは何だろうか。

....

....

....

....

3 **家族再統合事例**（リービングケア・アフターケア）

　さくらさんは、支援学校に入学し、自分のペースに合わせて学習することに充実を感じているようだった。同じ頃、さくらさんは、妹の葵さんが自分と同じ中学に入学し、テニス部に入ったことを聞いた。さくらさんは、葵さんの練習試合の応援に行った時、同じく応援に来ていた文江さんに会った。文江さんは、以前は怯えて自信のない様子で自分と話していたさくらさんが、自信をもって日常生活を話す雰囲気に驚き、里親である大吉さん光代さんにも感謝を伝えてきた。

　支援学校2年生の4月、さくらさんは、「母の日はお母さん（文江さん）と過ごしたい」と大吉さん光代さんに伝え、2人も了承した。愛さんは、さくらさんに「帰る家があっていいね。大事にしなよ」と少し寂しそうに声をかけた。愛さんは20歳になり就職していたが、引き続き大吉さん光代さん宅で生活しながらひとり暮らしのために貯金をしていた。母の日の夜に里親宅に戻ってきたさくらさんは、愛さんに、「ケーキをこぼしてお母さんに叩かれた」「でも、お母さんと一

緒に住みたい」と打ち明けた。

その1か月後、さくらさんは試験的に文江さんと暮らすことになり、大吉さん光代さんは、久しぶりに愛さんと3人だけの暮らしになった。愛さんは、2人から、里親委託になった15年前から一度も会ったことのない父親が、愛さんに会いたいと児童相談所に申し入れていることを聞かされた。

Q1 文江さんが、さくらさんの障害について考え、身体的虐待をせずに養育するためにはどのような援助が必要だろうか。

Q2 一時帰宅（リービングケア）に起こりがちな問題や帰宅後（アフターケア）に見られる困りごとにはどのようなものがあるだろうか。どのような支援が必要だろうか。

Q3 親子の交流がまったくなかった愛さんは、父親と交流を希望するだろうか。そのときの愛さんの気持ちはどのようなものだろうか。

〈解説〉
日常生活支援事例（アドミッションケア）のアドバイス

<u>Q1 に対して</u>　すべてが不安かもしれない。各家庭にはそれぞれのルールがある。皆さんの食事の時間、休みの日の過ごし方、冷蔵庫の中身、朝ごはんの内容はどのようなものだっただろう。まさに「隣の晩ごはん」はわからない。里子にとってはなおさらそうである。里子の中には親の

養育能力の低さから、単調な生活を送ってきた子どももいる。夕食は毎日カップラーメンや菓子パンであるとか、布団やベッドで寝たことがない、誕生日の祝い方を知らない、そもそも親が毎日帰って来るかどうかもわからないなど、基本的な生活習慣に欠けている子どもにとっては、ごく普通の里親家庭は刺激でいっぱいである。刺激を受け続ける子どもの気持ちとはどのようなものか考えてみよう。

　年齢別でいうと、幼児の生活とはどのようなものだろうか。小学生低学年の生活とはどのようなものだろうか。おこづかい、友達、学校……など。小学校高学年になると活動範囲も広がり、運動能力も高まり、思春期特有の問題も出てくる。また、里親委託になっても苗字は変わらないが、違う苗字の家庭に帰ることになる。里親家庭に実子がいた場合、その子どもとの関係はどうだろう。

　中学生になると、さらに活動範囲や交友関係も広がり、実親との関係にも敏感になる。親、友達、学校、恋愛、将来の夢などから切り離されるのではないかという不安にどう対応すればよいだろうか。

　<u>Q2 に対して</u>　試し行動がいつ起こるか、いつまで続くかはわからない。初日の夜に「(実の)お母さんがいい！」と泣き続けることもあるし、家庭に慣れてきた頃に突然「ババア！ 親でもないのにうるさいこというんじゃねえ！」と怒鳴りだすこともある。里親がこうした行動を否定せず受け入れることは必要不可欠であるが、試し行動とは里親の愛情や養育能力を里子が意図的に試しているのではない。愛情に欠けているからでもない。だから、愛情をかければ試し行動は収まるというのは短絡的な考えである。それは、ドラマや映画の世界である。例えば、実親が実子にたっぷりと愛情を注いだ家庭には、まったく問題が起きないだろうか。例えば皆さんは、反抗期にどうしてほしかったか考えてみよう。

　<u>Q3 に対して</u>　委託される子どもが懐いてくれるだろうか、という不安もあるが、それまで知らなかった者同士が生活を共にするのだと思えば、懐かないこともあって当然だと割り切れる。しかし、試し行動については、わかっていても不安がつのる。近所に響く叫び声、他人の庭に入り込んだりして迷惑をかけないか、家出を繰り返して警察に保護されたり、基本的生活習慣が身についていなかったりと、悩みは尽きない。

　また、児童養護施設に委託される子どもに比べて、里親委託される子どもは、委託以前の生活の情報が乏しい場合が多い。虐待もしていないが関心もない、というような家庭復帰が難しいネグレクトの場合、問題が起きてから、「実は以前に……」といったことが児童相談所から知らされることもある。後から知らされて困る情報にはどのようなものがあるか考えてみよう。

日常生活支援事例 2（インケア）のアドバイス

　<u>Q1 に対して</u>　里子の多くには、実年齢より幼い行動を示したりする、退行現象（赤ちゃん返り）がみられる。しかし、10 代にもなると、退行現象に対する抵抗感もあって、関係づくりがうまくいかないモヤモヤもある。子どもからすれば、してほしいことはたくさんあるが、してほしくないことはそれほど多くない。してほしくないことの 1 つは、罰によるしつけである。罰を与えると、一時的に行動が変わって効果があるようにみえるが、それは警戒しているだけで、心から信頼して行動が変わったわけではない。例えば、部活で試合に負けたとき、コーチが罰として延々

とランニングをさせたり、激しく叱責したりしているとき、どのようなことを考えていただろうか。「早く終わらないかな」あるいは、「何をそんなに怒るのか。私たちのためと言うが、自分のためだろう？」と冷ややかに考えていなかっただろうか。

　また、軽度の障害は、それまで見過ごされてきた可能性もあり、子どもが自分を責めたり自信を失ったりしていることもある。そうした子どもにはどのようなかかわりをすればいいか考えてみよう。

　<u>Q2に対して</u>　学校の友達関係は、どの子どもにとっても大切なものだが、里子が自分の境遇をどこまで友達や先生に話しているかは千差万別である。担任はもちろん事情を知っているが、里子や里親が希望すれば、戸籍上の名前ではなく、里親姓で呼ぶこともある。皆さんなら、どのような配慮をしてほしいだろう。

　親しい友達には里親委託であることを打ち明けても、他の友達には「おじさん（年配の里親ならおじいさん）ちにいる」といっているかもしれない。

　里親家庭に来る前に、児童養護施設に在所している期間があれば、学力の低下を補うことができるが、実親のもとから一時保護所での一時保護を経て、里親家庭に委託されると、学校の勉強からかなり遅れていることも予想される。里親家庭の児童を担任したことがある教員は少ない。どうすれば里親のことを教師に知ってもらえるだろうか。

　また、家庭と学校での様子がまったく違うこともある。思春期の子どもには、二面性があることも忘れてはならない。「家では○○なのに、学校では△△だ」にあてはまるものを考えてみよう。

　<u>Q3に対して</u>　Q1に対してで、してほしくないことはそれほど多くないと述べたが、もう1つは、「勝手に決めないでほしい」ということである。大人は、その子のためと思っていろいろアドバイスをするが、その中には自分の経験も入り混じり、いつの間にか子どもに自分を重ね合わせる。なるべく辛い思いをしないように、挫折しないように、と思うが、どんなに楽しくやりがいがあり、希望した進路でも、辛いことや挫折はある。無理だと思えるような進路でも、まずは子どもに希望を聞くことが大切である。

　「友達や塾の先生には夢を語るが、親には話したことがない」といった経験はないだろうか。しかし、親に面と向かって「夢は何だい？　話してみてごらん」といわれたら気恥ずかしい。子どものやりたいことは、それまでに少しずつサインとして現れてはいないだろうか。

　また、「この子は優しい子だから、福祉の仕事が向いている」とか、「コツコツやるのが得意だから、物づくりの仕事が向いている」などと言われると逆に傷つくこともある。はじめから向いている仕事など、そう多くはない。

家族再統合事例（リービングケア・アフターケア）のアドバイス

　<u>Q1に対して</u>　どのような障害であっても、「受け入れる」ということは可能だろうか。また、本人以外の障害受容とは何のためだろう。「障害も1つの個性ですから」のような慰めの言葉は、親には残酷に響くこともある。障害者と健常者を分けて考えるという意味ではないが、障害は、のんびりしているなどの個性とは違うのではないだろうか。だが、もし文江さんが、さくらさんの障害について考えることを避けていたとしたら、さくらさんとの関係改善のために文江さんに

どのようにかかわるとよいか考えてみよう。

　さくらさんに対して、文江さんは愛情があると考えられないだろうか。しかし、期待の裏返しであったとしても、「いってわからなければ、叩いてでもわからせる」ことはよくない。それでは、言葉より暴力の方が、効果があると子どもに教えることになる。暴力を使わないしつけとはどうすればよいのだろうか。皆さんがなぜルールを守って生活するのかを考えると、ヒントになるかもしれない。

　<u>Q2 に対して</u>　一時帰宅は、家庭復帰を待ち望む子どもにとっては期待が大きい。しかし、親が乗り気でないとしたら、家庭ではどのようなことが起こるだろうか。一方で、虐待から保護されて安心していた子どもにとって、一時帰宅は不安が大きい。虐待が再燃するとしたらどのようなことがきっかけになるか考えてみよう。

　また、里親委託が解除になって実親のもとに戻ると、里親家庭の生活ルールに慣れた子どもにとっては、「元の生活」とは思えないほどとまどうかもしれない。高校に通い続けられるか、アルバイトなどの生活で不規則な毎日にならないか、就職したが職場に馴染めないとか、悩みを相談する人がいないなどのしんどさを抱えることもある。里親家庭とは、そうした子どもにとってどのような存在か考えてみよう。

　<u>Q3 に対して</u>　「帰る家があっていいね」という言葉にはどのような想いが込められているだろうか。愛さんは、今までに大吉さん光代さんの家庭に委託された何人の里子と別れを経験しただろうか。

　入所理由を各自で想像してみよう。それによって、里親委託直後にどんなふうに思っていたか考えてみよう。

　また、なぜ音信不通だった愛さんの父親は交流を希望してきたのだろうか。例えば、虐待したり、ギャンブル依存だったり、母親に DV を行っていたりした実父は、温和で落ち着いた里父と比べあまりにギャップがあり過ぎてどう接していいかわからないということもある。愛さんの父親とはどのような父親像が想像できるだろうか。一方で、子どもには実親との面会権という権利がある。親子が双方で希望すれば、交流を続けた方が成人後の安定につながる。

　もう1つ気をつけなければならないのが、金銭管理である。「お金を貸してほしい」とか「通帳を渡してほしい」とか、子どもがコツコツ貯めてきたお金をあてにしている実親もいる。どうすれば、愛さんが気持ちを整えて交流を開始することができるだろうか。

Ⅳ-3　里親（自立支援事例）

〈事例の背景〉

　美咲さん（18歳・女性）は、8歳のときに母親を亡くし、父親の誠さん（48歳）と2人暮らしであったが、美咲さんが13歳のときに「もう養育できない」と誠さんが児童相談所に相談し、一時保護となった。

　誠さんにはギャンブル癖があり、ネグレクト状態にあったが、美咲さんに迷惑をかけて申し訳ないという気持ちがあることから、児童相談所は、将来的な家族再統合の可能性も視野に入れ、児童養護施設入所を提案した。しかし、誠さんは、自分がかつて教護院（現・児童自立支援施設）に

入所していた経験から施設入所を嫌い、児童相談所は里親委託を提案した。

　里親歴20年で30人以上の子どもを養育してきたベテランの里親・哲也さん（64歳・男性）と美穂子さん（61歳・女性）夫婦は明るく仕事熱心で、さらに18歳を過ぎて委託解除となったかつての子どもたちも時々顔を出すといった実家的な役割も果たしていた。美咲さんは、哲也さん美穂子さんと面会を重ね、一時保護されてから2か月後に里親委託となった。しかし、委託当初、美咲さんには不適応行動がみられた。成人したかつての里子が来ているときや、仕事仲間が集まって来るときに限って、部屋で音楽の音量を目いっぱいあげたり、悪態をついたり、元いた一時保護所の仲間と深夜まで徘徊したりした。それでも、かつての里子が親身に話を聞いたり、家庭生活でできなかったことをやり直したりしているうちに、美咲さんの生活も安定してきた。

　美咲さんは、将来、美容師になることを夢見て、高校生になってからは専門学校に進学する意志を固め、オープンキャンパスに美穂子さんと出かけるなど自立に向けて準備を開始した。誠さんとの面会は、はじめの頃は月に1回程度あったが、美咲さんが高校に入学してからはほとんどなくなった。

1 里親ケアの日常生活支援事例（インケア）

　美咲さんは、高校生になってから、進学後の学費や自立生活に必要な費用を用意するためにアルバイトを続けてきた。高校3年生になると、高校の先生や哲也さん美穂子さんとも相談し、印象もよく学費も比較的安いV専門学校のAO入試を受験して、合格を勝ち取った。哲也さん美穂子さんもとても喜んでくれて、かつての里子たちも集まってお祝いまでしてくれた。誠さんに連絡をとったが、「よかったな」と短いメッセージが返ってきただけだった。

　早めに進学先が決定したことで、美咲さんは高校3年生の夏休みからアルバイトを増やすことにした。里親の哲也さん美穂子さんは、進学後も家庭に残っていいと勧めてくれたが、美咲さんは、自分が巣立つことで、次の里子を預かることができると考えた。

　年が明け、ひとり暮らしに向けて、美咲さんはアパートを探すことにし、必要な手続きやお金について哲也さん美穂子さんと相談を始めた。アルバイトで貯めた150万円と、里親家庭から自立するときに給付される大学進学等自立生活支度費について、児童相談所のケースワーカーから説明も受けた。

Q1　里親家庭から自立生活に移行するときの不安にはどのようなものがあるだろうか。

Q2　進学や就職に必要な情報や支援にはどのようなものがあるだろうか。

....

....

....

....

....

Q3　ひとり暮らしをするうえで必要な経費にはどのようなものがあるだろうか。

....

....

....

....

....

② 自立支援事例（アフターケア）

　美咲さんは、無事に高校卒業を迎え、卒業式には誠さんも駆けつけて祝ってくれた。美咲さんは、誠さんが以前より痩せて風貌も年齢を感じさせるものとなっていて、生活が苦しいことを悟った。

　美咲さんは、金銭管理や公共料金、諸手続きなどを哲也さん美穂子さんと行いながら、徐々にひとり暮らしの準備を重ね、哲也さん宅から措置解除となった。

　美咲さんは、進学してから４か月ほどは、頻繁に哲也さん宅を訪れていたが、夏休みになると連絡が来なくなり、心配した哲也さん美穂子さんがアパートに行くと、すでに引越しした後だった。専門学校、不動産会社、警察、児童相談所に連絡して行方を探したが、夏休みが終わるまで連絡がとれなかった。

　９月、哲也さんたちは、専門学校で美咲さんと再会したが、今は誠さんと一緒に住んでいるということだった。哲也さんたちは、誠さんを交えて話がしたいと申し出たが、美咲さんに断られてしまった。

　12月になって、美咲さんが哲也さん宅を訪れて、誠さんが美咲さんの貯めたお金を使い込んで、アパートにもいられなくなったと打ち明けた。哲也さん美穂子さんは、すぐに児童相談所に連絡をとり、美咲さんは一時的に哲也さん宅で生活することになった。

　３月になって、美咲さんは、児童相談所から紹介された自立援助ホームに入居し、アルバイトしながら２年目の学生生活を始めることになった。

Q1 美咲さんが父親である誠さんと再会するときにはどんな注意が必要だったのだろうか。

Q2 自立援助ホームでの生活や、その後の生活の見通しをどのように立てればよいのだろうか。

Q3 社会的養護を巣立つ若者には、どのような支援をいつまで続けることができるとよいだろうか。

---

③ **治療的支援事例（インケア）**

　美咲さんが専門学校に進学して措置解除になった後、哲也さん美穂子さんの家庭に、明日香さん（16歳・女性）が、2度目の里親委託となった。

　最初の委託は9年前で、母親のネグレクトが原因だった。学校を休みがちで、給食と時々与えられるコンビニ弁当だけで生活していた明日香さんは、学校の健康診断で、痩せと虫歯の多さから児童相談所に通告となり、哲也さん美穂子さんに里親委託となった。明日香さんの母親は、子ども手当をもらうため、週末だけ明日香さんを自宅に外泊させるようになったが、以前と同様に食事を与えていなかった。哲也さん美穂子さんは、迎えに来るときに、母親と明日香さんと4人

で食事をしたり、野菜をもたせたりした。2年後、明日香さんの母親が再婚し、明日香さんも家庭復帰した。

　しかし、再婚相手の男性による性的虐待で、明日香さんは中学生の終わり頃から家に寄りつかず、交際相手の家で同棲生活を始めた。しかし、交際相手が逮捕され、明日香さんも児童相談所送致となり、県内の児童相談所を転々とした。児童自立支援施設入所か、児童養護施設か、里親委託か、母親を交えても結論が出ず、最後は、「哲也さん、美穂子さんち（家）がいい」という明日香さんの意向で、2度目の里親委託となった。

　明日香さんの2度目の委託は、朝帰りと万引きと不登校の繰り返しだった。高校も停学になり、夏休みは児童相談所に一時保護となり、再婚相手から連絡があった日は怯え、元交際相手の自宅に押しかけ、相手家族に通報されたりした。ちょうどその頃、アパートを追い出された美咲さんが戻ってきた。

Q1　明日香さんの心の底にある思いや感情にはどのようなものがあるだろうか。

Q2　明日香さんの行動を変容させるためにはどのような支援が有効だろうか。

Q3　明日香さんが将来に見通しをもちながら心の回復を図るにはどうすればいいだろうか。

〈解説〉

日常生活支援事例（アドミッションケア）のアドバイス

Q1に対して　委託年数や家庭復帰の有無、就職か進学かなど状況は人それぞれだが、経済的な不安は共通した不安だろう。また、住む場所、健康管理、学校での人間関係、就職活動、職場の人間関係、アルバイト、スマホの管理など、これまで経験したことのない問題にも対処しなければならない。

児童養護施設の場合だと、お金を稼ぐとか使うとかいった具体的な金銭管理の経験に乏しいことがある。そこで、小規模な施設では、1か月の支出額を入所児童皆で管理して、余ったお金で外食するなど、金銭感覚を養う訓練をしているところもある。里親家庭では、一般家庭と同様に金銭感覚が養われやすいが、自立については不明なこともある。保険証の仕組みや、扶養家族といった言葉、履歴書に書く内容はどんなことがいいのか、求人票の見方、賃貸情報の見方などインターネットで検索して話し合ってみるのもいいだろう。アルバイトをしていて困った体験や、そのときどうやって解決したか、里子が同じ状況になったとき、どうすればいいかなど話し合ってみよう。

Q2に対して　進学・就職に必要な支援の1つに、2020（令和2）年度から始まった「高等教育の修学支援新制度」いわゆる「大学等の無償化」がある。これは、授業料・入学金の減免と給付型奨学金の2つの支援により、大学や専門学校などで学ぶことをサポートしようというものである。事例の美咲さんであれば、私立専門学校の入学金約16万円と授業料約59万円が減免となり、ひとり暮らしのため毎月7万5800円の給付型奨学金を受け取ることができる（表Ⅳ-3-1、2）。また、児童養護施設や里親家庭から通う場合には、給付型奨学金は（　）内の金額となる。どれくらいの負担軽減になるか話し合ってみよう。

しかし、進学後、支援を受け続けるには、大学等での授業出席や、勉学に励むことが求められ

表Ⅳ-3-1　授業料等減免の上限額（年額）

	国公立		私　立	
	入学金	授業料	入学金	授業料
大学	約28万円	約54万円	約26万円	約70万円
短期大学	約17万円	約39万円	約25万円	約62万円
高等専門学校	約8万円	約23万円	約13万円	約70万円
専門学校	約7万円	約17万円	約16万円	約59万円

（出所）文部科学省HP　https://www.mext.go.jp/kyufu/student/koukou.html より。

表Ⅳ-3-2　給付型奨学金の給付額（月額）

	国公立		私　立	
	自宅生	自宅外	自宅生	自宅外
大学・短期大学・専門学校	29,200円 （33,300円）	66,700円	29,200円 （42,500円）	75,800円
高等専門学校	17,500円 （25,800円）	34,200円	26,700円 （35,000円）	43,300円

（出所）表Ⅳ-3-1と同じ。

ており、学年全体で下位の成績が続いたり欠席が多いと、支援を打ち切られたり、返還などが必要になる場合もあるので注意が必要である。

また、「就職、大学進学等支度費」や「社会的養護自立支援事業」「身元保証人確保対策事業」「児童養護施設退所者等に対する自立支援資金貸付事業」などが整備されている。厚生労働省のホームページには、「社会的養育の推進に向けて」などの資料があるので検索してみよう。

<u>Q3に対して</u>　家賃はもちろん、食費、水道光熱費、通信費、日用品、交際費、交通費、衣類、美容費、学費などさまざまなものが必要となる。これに加え、毎月貯金をしたいとか、奨学金の返済や車などのローンがあるとか、旅行に行きたい、飲み会に行きたい、友人の結婚祝いなど、お金がいくらあっても足りなくなってしまう。

家計簿のようなものを作成して、みんなで話し合ってみよう。

スマホや衣料品など、皆さんがイメージしやすい費用がある一方で、食費や日用品など、家族が購入しているものを安く見積もる傾向がある。3万円とか5万円とか余るような家計見積りは、どこかに必要以上に安く見積もっているところがあるはずである。

働く場合には、制服の貸与や購入を求められたり、積立てが必要だったり、社会保険料が天引きされたり、給料が額面通りに振り込まれるわけではない。また、ボーナスも、必ずもらえるものではなく、会社の業績に応じて支給額が変化するので、当てにするのではなく、あくまで「ボーナス」と思っていないと生活が苦しくなる。何でもボーナス払いにしていると、後で後悔することになる。

こうした社会的養護を巣立つ子どもへの支援団体もある。NPO法人ブリッジフォースマイルは、調査活動から就職支援、奨学金の給付などさまざまな活動をしており、『ひとり暮らしハンドブック　施設から社会へ羽ばたくあなたへ―巣立ちのための60のヒント―』（2010年、明石書店）は社会的養護児だけでなく、子どもから大人になる多くの人に参考になるだろう。

自立支援事例（アフターケア）のアドバイス

<u>Q1に対して</u>　委託当初から変わらないものと変わるものがあり、それを正しく理解することが、現状を解決する役に立つ。誠さんのギャンブル癖、美咲さんへの気持ち、美咲さんの誠さんへの思い、将来の夢は変わっただろうか。

自治体によっては、里親委託後に実親との接触を禁じたり、極端に情報を開示しなかったりするところがある。これは、実親との関係が残っていると里親との関係づくりがうまくいかないという誤解によるもので、子どもの将来のためによくない。委託当初、あるいは委託中に「私のお父さんは？」と聞かなかったからといって成功とはいえないし、子どもは心の中で思い続ける。中には、幼い頃に離れ離れになった親と交流がないことで、「きっといつか迎えに来てくれる」とか「私と暮らせない特別な事情があるに違いない」と必要以上に親を美化することがある。

そのために必要とされているのが、「生い立ちの整理」と説明されることもあるライフストーリーワークである。ライフストーリーワークは、「これまでの自分を知ること、現在の状況を理解すること、将来を考えること」（徳永、2018）とされている。「誰がどんな風に育ててくれたのか」を「子どもの理解に合わせてその時々の状況に合わせて」「過去から地続きでしっかり理解したうえで、将来のことを考えること」（徳永、2018）が重要である。ライフストーリーワークの実施方

法について調べてみよう。

　　<u>Q2 に対して</u>　自立援助ホームは、児童福祉法第 6 条の 3 に基づき、児童自立生活援助事業として位置づけられている。義務教育終了後の 15 歳から 20 歳（延長あり）の者が、共同生活を営んで職員からの支援を受ける場で、全国に 200 近い施設がある。入所・退所ではなく、児童が自ら申請して入居・退居する。グループホームであり、入居者が集まれる食堂（ダイニングやリビング）が必要である。

　　3 万円前後のホーム費（家賃や光熱費、食費にあたる）を支払う必要があり、高校や専門学校、大学に通ったり、就職したりアルバイトをしたりしながら、自立への道を模索する。10 代後半の若者が共同生活を営む大変さにはどんなものがあるだろうか。

　　<u>Q3 に対して</u>　2019 年 5 月 1 日現在の高等教育機関（大学・短期大学、高等専門学校および専門学校）への進学率は実に 82.8 ％となっており、18 歳の年度末で経済的に自立している者は少ない。

　　そのため、就職後の生活の安定や進学の場合には、児童養護施設や里親への措置委託を 20 歳未満まで延長することができる。しかし、19 歳で退所する児童は、2018 年度は 18.9 ％となっており、多くが高校卒業時（18 歳）に施設や里親の元を離れる。

　　英国では、自立支援を「大人期への移行支援」（Transition to Adulthood）として、社会的養護児が 16 歳になると全員にパーソナル・アドバイザーをつけて、進学や就職を共に考えることになっている。英国の自立支援の基本方針は、「自分の子どもだとして納得できるか、失敗してもやり直せるか、個別ニーズに合わせたものか」であり、21 歳になるまでは全国どこに移動しても支援を続けることになっている。日本にも支援コーディネーターと呼ばれる制度があるので調べてみよう。

治療的支援事例（インケア）のアドバイス

　　<u>Q1 に対して</u>　コンビニ弁当が悪いというわけではない。しかし、楽しい食事には必要なものとは何だろうか。

　　子ども手当は、2010 年の創設時は、面会などがあれば実親に支払われたため、事例の明日香さんのように、子ども手当をもらうために面会し始める親もいた。虐待による強制入所や親の面会がない場合は施設に支払われ、貯蓄することも認められていなかった。翌年には改善され、子ども手当は児童本人（施設等が管理する子ども専用の口座）に振り込まれ、貯蓄することもできるようになった。母親がお金目当てで会いに来ていると知ったときの明日香さんの気持ちを考えてみよう。

　　<u>Q2 に対して</u>　明日香さんの身に起こったことは、ネグレクト、児童相談所一時保護、家庭分離、里親委託、再婚、家庭復帰、性的虐待、と通常では考えられないものばかりである。再婚相手に性的に虐待されるという、およそこれ以上ない恐怖や苦しさとはどんなものだろうか。クラスの中に同じような経験をしている者はいないだろう。自分のことを明日香さんはどう思っているだろう。

　　また、こうした環境の変化は、明日香さんが望んだものではなく、常に大人たちに振り回されてきた結果である。子どもには、がんばれば状況は良くなるという信頼がある。しかし、明日香さんはどうだろう。その中で、「哲也さん、美穂子さんち（家）がいい」と意思表示をしたことについて考えてみよう。

<u>Q3に対して</u>　里親養育について、白井（2013、p. 35）は、「里親の人生や里親家庭の実践にも、児童福祉を担う公共的な場でもあり家庭という私的な場でもあるという両義性が、併せもたれている」（傍点筆者）として、家庭の中で普通に起こることにも福祉サービスとしての側面があることを指摘している。例えば、学校に馴染めないことに対して「行きたくなかったら、高校なんて行かなくてもいいんだよ」といいたくても、責任をもって養育する立場を考えるとどうだろう。いつか自分のもとを離れていく里子にどんな人生を送ってほしいと思うか考えてみよう。

　おそらく、明日香さんにとって、20年後、30年後、50年後の人生があると思って見通しを立てることは難しい。しかし、吉田（2012、p. 166）は、「乳児期から幼児期にかけての子どもの満足度が不十分であっても、取り戻す努力を続けることで、必ず、愛情豊かな心が取り戻せると信じて、私たち夫婦は里子の子供たちを養育するのです」と述べている。取り戻す努力とはどのようなものだろうか。吉田はさらに、「愛情のシャワー」とも述べている。

Ⅳ-4　特別養子縁組

〈事例の背景〉

　陸くん（2歳）は、親の養育拒否を理由として、生後4か月からP乳児院に入所している。

　乳児院や児童相談所は、特別養子縁組を希望する里親を探すため、フォスタリング機関を通じて希望者を募ったり、陸くんの特徴や希望をまとめた記事を新聞に掲載したりして広報を行った。

　陸くんには生まれつきの疾患があり、日常生活には大きな影響がないが、食事に気をつけなればならない点がある。そのため、過去にも何度か養子縁組希望者と面会や外出を行ったが、そのたびに難色を示され、それ以上には進展しなかった。看護師と保育士によるケアがあるため、乳児院での生活を続けた方がよいのではないか、という職員の意見もあったが、児童養護施設に措置変更となったときには、乳児院のように個別で対応することは難しく、措置変更を断られることも考えられる。そのため、少しでも早く新しい家庭を見つけ、治療の進展と共に食事の面も改善していけたらと希望しているのである。

　徐々に陸くんと同年代の子どもがP乳児院から児童養護施設に措置変更となり、2歳半になる陸くんの遊び相手も少なくなってきた頃、尾崎淳さん（44歳・男性）と里香さん（41歳・女性）夫妻が、市の広報紙と新聞記事を見て、陸くんへの問い合わせを行った。淳さんは会社勤務の営業職で、里香さんは栄養士として市内の介護施設で働いている。尾崎さん夫妻は、7年前に当時5歳の息子を交通事故で亡くしている。

1　特別養子縁組の日常生活支援事例1（アドミッションケア）

　陸くんは、2か月の試験養育の期間を経て、尾崎さんの家庭に里親委託となった。P乳児院の保育士さんからは、「とってもおとなしくて、みんなと仲良くできるおりこうさんですよ」と聞かされていた。確かに、試験養育の期間中に、公園に遊びに行ったり、水族館に行ったりしたときも、周りのあらゆるものに興味を示しながらも落ち着いており、食事に注意が必要なものの、育てやすい子だなというのが淳さん里香さんの感想だった。

　陸くんは、委託から2週間ほどはおとなしく、「寝る時間だよ」といえば寝てくれるし、ご飯も

残さずに食べてくれるなど落ち着いていた。里香さんのおっぱいをほしがるようなそぶりも見せたが、それも愛情を求めているのだろうと、むしろ可愛く思えた。

　ところが、2週間を過ぎた頃から、食べられないのにコーンフレークを大量にほしがり、スーパーでも袋をつかんで泣いて離さない。1袋では飽き足らず、あるだけ買っても、テーブルの上で開けるとすべて床に落として踏んで遊んだりする。また、哺乳瓶でミルクを飲みたがるようになった。

Q1　委託当初の非常におとなしい期間とはどのような意味をもつのだろうか。

....

....

....

....

....

Q2　その後のいわゆる「試し行動」にはどんな意味があるのだろうか。

....

....

....

....

Q3　通常、1歳半くらいまでには哺乳瓶からコップになり、陸くんもコップを使えていたのに、哺乳瓶を使いたがったのはなぜだろうか。

....

....

....

....

② 特別養子縁組の日常生活支援事例2（インケア）

　陸くんは、半年間の試験養育期間を終え、特別養子縁組の申し立てが家庭裁判所によって認められたため、晴れて尾崎さんの養子となった。

　里香さんは、養育期間中、介護施設での仕事を休職していたが、養子縁組が認められたため復

職し、保育園に預けることになった。里香さんは周りの保護者にも自分たちが養子縁組であることを正直に伝え、保育園の先生にもこれまでの養育について説明してきた。「わたしたちは、実の子を亡くしましたが、その子の代わりというわけではないんです。5年しか過ごせなかった時間の先を、陸と生きていきたいんです」と絞り出すように話した。

　陸くんの3歳の誕生日は、里親委託期間中で苗字は元のままだったので、「来年は、尾崎陸だね」と笑いながらお祝いし、実の母親の話をした。乳児院にいた記憶を言葉で語ることはないが、乳児院の担当保育士の名前を呼ぶこともあり、家庭外の生活となっていることは理解していると考えた。尾崎陸として迎えた4歳の誕生日にも、真実告知をした。そのときは、「うんうん」とうなずきながらも、プレゼントに夢中だった。亡くした子どもと同じ5歳の誕生日、陸くんから、「今日も、お母さんのお話してね」といわれた。

Q1　保育園に通う陸くんや里香さんに、保育士はどんな対応を心がけるべきだろうか。

Q2　「実の子の代わりではない」という里香さんの心情とはどんなものだろうか。

Q3　「真実告知」を行うときには、どんなことに気をつけるべきだろうか。

---

③ 自立支援事例（アフターケア）

　陸くんが暮らしていたＰ乳児院を、舞さん（29歳・女性）が訪れた。舞さんは15歳のときに不登校となり、部屋に引きこもっていた。母親は見守ってくれたが、父親は何とか学校に行かせようとして舞さんと揉め、近所にも聞こえる怒声でけんかするようになった。

　あるとき、いつものようにけんかをしていると、父親がカッとなって部屋に戻り、1枚の紙をもってくると、舞さんに投げつけるように渡した。舞さんの戸籍謄本で、そこには「除籍」と「特別養子縁組」と書かれていて、知らない住所と女性の名前が書いてあった。「それがおまえの本当の母親だ」といわれ、状況が呑み込めなかった舞さんはしばらく呆然としていたが、「本当の子どもでもないのに、ここまで育ててやったんだ」と吐き捨てるようにいわれ、自分の生い立ちをはじめて知った。

　舞さんは、里子や養子の当事者グループ「いちごの会」に参加して、自分の出生に関する悩みや苦しさを分かち合おうとした。その中には、「里父から、大学入学直前に『養子縁組しよう』っていわれて、『その気はないよ』って答えたら、『大学に行かせるのやめる』っていわれてさ」という男性や、「今の親が親だから、生みの親に会いたい気持ちはない」という女性までさまざまだった。

　舞さんは、30歳になる前に自分の生い立ちを知りたいと思い、疎遠になっていた父親からＰ乳児院のことを聞き出し、28年ぶりに訪れた。当時を知る保育士はいなかったが、調理員の女性が28年前もいたと知り、自分の一部がここにあるような気がした。アルバムを見せてもらって自分を見つけたとき、実親、養親、保育士など自分の乳児期にかかわったすべての人を思った。

Q1　特別養子縁組だと知らされたときの舞さんの思いや感情はどんなものだろうか。

Q2　いちご（花言葉は「幸せな家族」）の会のような当事者の会にはどんな役割があるだろうか。

Q3　乳児院の保育士ができるアフターケアとはどのようなものだろうか。

〈解説〉

特別養子縁組の日常生活支援事例1（アドミッションケア）のアドバイス

　<u>Q1に対して</u>　大学・短期大学・専門学校に通う皆さんは、入学式やそのあとのガイダンスやオリエンテーション、交流会などでの自分のふるまいを思い出してみよう。

　あるいは、高校の入学式などはどうだっただろう？「中学の頃のほうがよかった」など、言いようのない不安に襲われたことはないだろうか。友だちができるか不安だった人もいるだろう。

　陸くんは、尾崎さん宅に委託されて最初にどんなことが気になるのだろうか。

　民法第817条の8には、「特別養子縁組を成立させるには、養親となる者が養子となる者を6箇月以上の期間監護した状況を考慮しなければならない」とある。半年以上の養育の実態が、特別養子縁組の審判では重要視される。養親となることを希望する尾崎さんたちの不安にはどんなものがあるか考えてみよう。

　<u>Q2に対して</u>　試し行動とは、「子ども自身が、『私がどんなに不細工なことをしたとしても、どんなに悪いことをしたとしても、私を手放さないか。すなわち、無条件に私が私であることを引き受け、愛し続けてくれるのか？』を確かめること」（家庭養護促進協会大阪事務所、p. 133）だという。

　では、この子どもの無意識の行動に、あなたは何と答えるか考えてみよう。

　「悪いことをしなければ」とか「あなたが可愛ければ」という条件をつけるだろうか？

　また、試し行動には食事に関係するものが多いといわれている。それはなぜか考えてみよう。

　<u>Q3に対して</u>　これはいわゆる「赤ちゃん返り」「退行」といわれるものである。赤ちゃん返りといっても、ある日突然、3歳の陸くんが0歳児のように行動しはじめて、3歳らしい行動をまったくとらないかというとそうではない。「赤ちゃんになったり、年相応に戻ったり、年齢以上のことができたり」（家庭養護促進協会大阪事務所、p. 142）する。

　そうした時期が来たら、里親、養親はどのようにかかわるとよいだろう。保育実習などでも同様のことがあった場合にどのように対応したか思い出してみよう。

　乳児のときに、しつけは必要だろうか。3歳児へのしつけがうまくいかないときには視点を変えてみる、思い切って乳児のようにかかわることも方法の1つである。

　また、特別養子縁組は、「父母による養子となる者の監護が著しく困難又は不適当であることその他特別の事情がある場合において、子の利益のため特に必要があると認めるときに、これを成立させるものとする」（民法第817条の7）とあり、実親の養育が不適当で、養親のもとで育てら

れる方がよいということを裁判所で証明しなければならない。しかし、実親の否定は、養子の心を乱す。まだ真実告知をしていない場合には、審判の進行によって養子であることを知ってしまうかもしれない。慎重な配慮が求められよう。

特別養子縁組の日常生活支援事例2（インケア）のアドバイス

Q1 に対して　まずは、陸くんが園生活に馴染めるように配慮する必要があるが、それはどのようなことだろうか。

また、保育士自身が里親制度や特別養子縁組制度について、基礎的な知識をもっていることが求められるが、里親制度と特別養子縁組制度の違いを説明する練習をしてみよう。

友達とのかかわりや遊びを通して子どもは成長するため、里親養育期間中であっても、里子の保育園利用は積極的に認められている。しかし、養子縁組のために愛着関係を築こうと休職して、陸くんの養育に専念してきた里香さんの気持ちを考えてみよう。

また、周りの保護者に自らの家庭が養子縁組だと伝えることは勇気がいるが、それでも事実を伝えた意図は、養子縁組かどうかを超えて陸くんの生を肯定している表れである。この喜びを保育園全体で共有することは、きっと他の子どもにも良い影響を及ぼすだろう。

Q2 に対して　一緒に暮らして成長を見守ることができなかった思いや、陸くんと共にその先を過ごしたいという思いに対して、保育園が支援できることにはどのようなものがあるだろうか。

「あの子が生きていたら」とふと思いがよぎることはたくさんあるはずである。簡単に「乗り越える」などの表現は使えないが、これまでの尾崎さん夫妻の心の動きを推察してみよう。

そのうえで、尾崎さん夫妻が特別養子縁組制度で子どもを迎えようと思うまでには、どのような葛藤があったのか考えてみよう。また、里親委託や特別養子縁組は、子どものいない親のための制度ではなく、親のいない子どものためのものあることを考えると、尾崎さんたちがこれから気をつけなければならないことは多い。

Q3 に対して　真実告知の「真実」とは、「あなたは本当はうちの子じゃない」と伝えることではない。里親が生みの母ではないことは、「事実」ではあるが、それを伝えるだけでは真実告知とはならない。大切なことは、里親・養親が、里子・養子を大切な存在として、心から望んで養育していること、これからも一緒に生活していくことを伝えることであり、生みの事実と養育の過程が合わさって「真実」となる。そのことを通して、子どもの生い立ちを受け止め、愛着形成を行うことである。

では、子どもが聞きたいと思っていることは何だろう。「実の親がいることを知ったら、子どもの気持ちが離れるのではないだろうか」という不安はあるだろう。実の親が他にいると知ったときの、子どもの気持ちはどうだろう。里親・養親の不安のために、子どもの知る権利を保障せず、情報を隠しておいてはならない。

また、年齢に合わせて行うことが必要であるため、何度も行うことが大切である。5歳、10歳、15歳のときに伝える真実にはどのようなものがあるか考えてみよう。

真実告知は、愛情を伝えるものであるため、子どもにとっては楽しみにしている場合もある。子どもが楽しくなる真実告知とすることができれば何よりである。

自立支援事例（アフターケア）のアドバイス

Q1 に対して　前項の真実告知を行っていないことが招いた悲劇だが、なぜ父親は真実告知を行わなかったのだろうか。また、それが怒りとともに行われたことを舞さんはどう思うだろうか。思春期になってはじめて自分の生い立ちに向き合う大変さにはどんなものがあるか考えてみよう。

Q2 に対して　全国にはさまざまな当事者の活動団体がある（例：大阪にある児童養護施設等の出身者による CVV＝Children's Views and Voices など）が、子どもたちがそれぞれの思いを語り、それを外部に発信していくことはとても重要である。英国では、こうした当事者の声が政策決定にしっかりと反映される仕組みが整っている。

　里親の世界大会（IFCO）に参加したある大学生（乳児院から里親に委託されて18歳まで過ごした元里子）は、当事者同士のかかわりについて以下のように述べている。長文だが、非常に真に迫る内容なので紹介する。「自分にとって……16歳という年齢は、周りの支援がなければどうしてよいかもわからない未熟で危なげな年頃だったように思う。社会に出るということは、社会的養護を知らない人たちばかりの集団の中（理解されにくい環境下）で生活をスタートさせるということである。そのような状況になっても、助けを求められる人には絶対に近くにいてほしい。それは、私のような里子にとっては里親である」「IFCO に参加していちばん感じさせられたことは、子どもの『声』についてである。どの国のユース（筆者注：元里子の意味）も、子どもの『声』を聴くということの必要性を訴えていた。そして『声』を発信し続けることの大切さをみんなで共有した。最後のフィナーレの時――私たちは表現した。『ぼくたちはあなた方の言うことを聞かなければならない。でも、ぼくたちの声は誰が聴いてくれるの？ 互いに聴き、話し合うことで私たちはきっと分かり合える』と」（高橋、p. 99）。

　知られていない社会で、そのことを共有する仲間がいることは、何よりの力となったことであろう。知識は力なりとはこういうことでもある。

Q3 に対して　現在、注目されている言葉に「パーマネンシー」というものがある。これは、「養育者や養育環境の安定性と永続性を意味」（上鹿渡、p. 3）するもので、子どもを同じ大人が養育することである。それは、「子ども時代から生涯にわたって継続する、心理的に繋がる家族関係や所属感」（藤林、p. 16）ともいえるが、心理的につながる家族関係があることは、養子にとって自分にとって帰る場所のようなものであろう。具体的に、「○○のときに助かる」とか「□□だったらいいのに」など考えてみよう。

　また、これまで乳児院は、主に人生の最初期に短期間、社会的養護児とかかわる場所であったが、現在は里親養育や養子縁組を推進する方針のもと、里親支援、養子縁組支援、家庭復帰支援など、子どもの養育以外の部分も積極的に行っていかなければならない。乳児院ができるパーマネンシー保障、養子縁組支援にはについて考えてみよう。

　また、記録の保存も大切になってくる。「新しい社会的養育ビジョン」（2017 年）でも、「児童相談所に係った子どもが自分の過去を知りたいときに知ることができるのは子どもの権利である。従って、少なくとも代替養育（一時保護を含む）が行われた子どもに関しては、永年保存を行うべきである」としている。デジタルメディアが普及し、劣化せずに記録を残せるようになっている現在、乳児院を巣立った子どもたちの将来に残せる、あるいは残したい記録にはさまざまなものがある。ただし、プライバシー保護の観点から、1つの動画や写真に何人もの子どもが記録され

ている場合には、編集をするなどの配慮が求められることもある。施設内で統一したルールを作成する必要があるだろう。

【参考・引用文献】

Ⅳ-1

宮島清・林浩康・米沢普子編著『子どものための里親委託・養子縁組の支援』明石書店、2017 年

厚生労働省雇用均等・児童家庭局長「里親委託ガイドライン」2011 年

厚生労働省雇用均等・児童家庭局長「児童養護施設運営指針」2012 年

厚生労働省雇用均等・児童家庭局長「里親制度の運営について」2017 年

厚生労働省雇用均等・児童家庭局長「小規模住居型児童養育事業（ファミリーホーム）実施要綱」2017 年

厚生労働省子ども家庭局家庭福祉課「里親制度（資料集）」2018 年

厚生労働省「令和 2 年度予算案について」2020 年

厚生労働省子ども家庭局家庭福祉課「社会的養育の推進に向けて」2020 年

内閣府「子供・若者育成支援推進のための有識者会議　第 7 回　令和 2 年 1 月 10 日（金）資料 2」2020 年

Ⅳ-3

林恵子編著、NPO 法人ブリッジフォースマイル『ひとり暮らしハンドブック　施設から社会へ羽ばたくあなたへ—巣立ちのための 60 のヒント—』明石書店、2010 年

白井千晶「現代日本で里親であることとは—公共的に児童福祉を担うことと家族という私事性の両義性」『里親と子ども』Vol. 8、明石書店、2013 年

徳永祥子「実践ライフストーリーワーク講座」『新しい家族』第 61 号、養子と里親を考える会、2018 年

House of Commons Committee of Public Accounts (2015), 'Care leavers' transition to adulthood', House of Commons.

吉田菜穂子『里子・里親という家族　ファミリーホームで生きる子どもたち』大空社、2012 年

Ⅳ-4

家庭養護促進協会大阪事務所編、岩﨑美枝子監修『子どもの養子縁組ガイドブック—特別養子縁組・普通養子縁組の法律と手続き—』明石書店、2013 年

上鹿渡和宏「社会的養護におけるパーマネンシー保障を考える—改正児童福祉法とうえだみなみ乳児院の取り組みから—」『新しい家族』第 61 号、養子と里親を考える会、2018 年

高橋成貴「多くのことを教えてくれた 2 つの IFCO 大会」『世界の児童と母性』第 72 号、資生堂社会福祉事業財団、2012 年

藤林武史「乳幼児の家庭養育原則と新しい社会的養育ビジョン」『世界の児童と母性』第 83 号、資生堂社会福祉事業財団、2018 年

Ⅴ章
社会的養護の課題と展望

　児童の権利に関する条約は、1989年に国連総会において全会一致で採択されたが、日本が批准（実際に使うこと）したのは、1994年のことで、世界で158か国目という遅さであった。批准した国は、2年以内に、その後は5年ごとに、国連子どもの権利委員会（以下、委員会）で国内の権利擁護の取り組みを報告しなければならない。委員会は、その報告に基づいて、今後とるべき対策を「総括所見」として締約国に勧告する。日本は、これまでに4度の報告を行い、1998年、2004年、2010年、2019年にいずれも厳しい勧告を受けた。日本の社会的養護は、この総括所見という文書に大きな影響を受けている。

　1998年の第1回総括所見で、委員会は、「養護及び保護を必要とする児童のための家庭環境に代わる手段を提供するために設けられた枠組みが不十分である」とした。施設養護が、家庭に代わるものとなっていないと指摘されたのである。これ以降、日本の社会的養護は、「施設の小規模化」と「家庭的養護の推進」をキーワードとして、さまざまな取り組みを行った。施設の小規模化は、「地域小規模児童養護施設」（グループホーム、2000年）や、「小規模グループケア」（ユニットケア、2002年）の創設につながり、家庭的養護の推進は、「専門里親」「親族里親」の創設（2002年）や、「小規模住居型児童養育事業」（ファミリーホーム）の創設（2008年）につながった。

　ところが委員会は、2010年の第3回総括所見で、家族を基盤とする社会的養護政策が不足していることや、多くの施設の基準が家庭的とはいえないこと、施設内虐待が行われていることに懸念を有するとして、取り組みの不十分さを指摘した。そして、委員会は、日本に、2009年に採択された「児童の代替的養護に関する国連ガイドライン」（以下国連ガイドライン）を参考にするよう求めた。

　2010年12月、群馬県の児童相談所にランドセルが寄付されたことをきっかけに、全国で児童養護施設等への寄付行為、いわゆる「タイガーマスク運動」が起こった。これは国会でも取り上げられ、2011年1月から半年にわたって開かれた「児童養護施設等の社会的養護の課題に関する検討委員会」にも影響を及ぼした。そこでは児童福祉施設最低基準の見直し、里親委託ガイドライン（以下ガイドライン）の策定、退所後の自立支援が議論され、「社会的養護の課題と将来像」（2011年。以下、将来像）が策定された。

　将来像では、最低基準を見直し、小学生以上6人に対し職員1名から小学生以上4人に対し職員1名とすることや、大学等進学支度費・就職支度費の増額や20歳までの措置延長の活用などが盛り込まれた。ガイドラインでは、家庭が子どもにとっての自然な環境であり、「社会的養護では、里親委託を優先して検討するべき」という「里親委託優先原則」が掲げられた。しかし、将来像で最も注目を集めたのは、2015年から2029年までの15年間で本体施設、グループホーム、家庭的養護（里親＋ファミリーホーム）をそれぞれ3分の1とする大胆な「地域化」「家庭的養護の推進」案であった（図Ⅴ-1）。

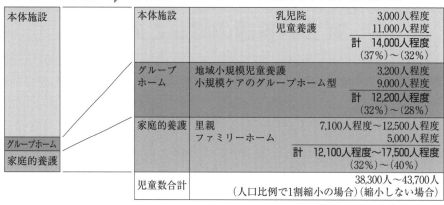

〈現在〉　　　　　　　　　　　　　〈想定される将来像〉
施設9割、里親等1割　　　　　　　本体施設・グループホーム・里親等をそれぞれ概ね3分の1に

本体施設	本体施設	乳児院 児童養護	3,000人程度 11,000人程度
		計　14,000人程度 (37%)〜(32%)	
	グループ ホーム	地域小規模児童養護 小規模ケアのグループホーム型	3,200人程度 9,000人程度
		計　12,200人程度 (32%)〜(28%)	
グループホーム 家庭的養護	家庭的養護	里親 ファミリーホーム	7,100人程度〜12,500人程度 5,000人程度
		計　12,100人程度〜17,500人程度 (32%)〜(40%)	
	児童数合計	38,300人〜43,700人 (人口比例で1割縮小の場合)(縮小しない場合)	

（人数は一定の条件での試算）

図 V-1　施設機能の地域分散化

（出所）「社会的養護の課題と将来像（概要）」児童養護施設等の社会的養護の課題に関する検討委員会・社会保障審議会児童部会社会的養護専門委員会とりまとめ概要、2011年、p. 32。

　しかし、将来像は、長く据え置かれていた職員配置を改善した点や、施設から里親養育への転換を示した点は評価できるが、あくまで「施設改革」であり、児童相談所や保育所まで含めた改革ではなかった。特に、施設は、地域分散化（図 V-1）を達成するために、多くのグループホームをつくらなければならないが、本体施設がグループホームになるだけでは家庭的養護は増えない。そこで、国は、グループホームをつくる場合には、さらにファミリーホームもつくることを条件にして、家庭的養護を増やそうとした。すると、本来、里親のような家庭養育であるはずのファミリーホームが、施設が職員を配置した「擬似」ファミリーホームのようなものとなってしまい、数合わせのため、本来の姿とは離れてしまった。

　そして、2016年、児童の権利に関する条約を意識した児童福祉法改正は、子どもが権利の主体であること（第1条）、子どもが家庭で育つことを第一として養育を支援すること（第3条の2）、実親による養育が困難な場合は、特別養子縁組や里親養育を推進すること（第3条の2）など、これまでにない抜本的改正となった。ガイドラインと同様に、児童福祉法においても、里親委託優先原則が掲げられたのである。

　この法改正を実現するために、検討委員会による1年の議論を経て、2017年に「**新しい社会的養育ビジョン**」（以下、ビジョン）が策定された。ビジョンの冒頭、検討委員会は、議論が「在宅での支援から代替養育、養子縁組と、社会的養育分野の課題と改革の具体的な方向性を網羅する形となったが、これらの改革項目のすべてが緊密に繋がっているものであり、一体的かつ全体として改革を進めなければ、我が国の社会的養育が生まれ変わることはない」（傍点筆者）と、改革への強い決意を示した。

　ビジョンは、①市町村を中心とした支援体制をつくる、②児童相談所の機能を強化し、長期化している一時保護を改革する、③代替養育（＝家庭を離れたケア）における里親委託優先原則を乳幼児から段階的に徹底する、④特別養子縁組などを徹底する、⑤社会的養護児の自立支援を徹底するなどの改革について、速やかに開始し目標年限を決め計画的に進めるとして、将来像の全面

的見直しを決めた。

　まず、基礎となったのは、2010年に参考とするよう求められた国連ガイドラインであった。児童福祉法第3条の2の「家庭における養育環境と同様の養育環境」は、国連ガイドラインでいうfamily based care であり、特別養子縁組、普通養子縁組、里親による家庭養育であるとした。なお、ファミリーホームは、養育者が里親である場合に限って家庭養育に含めるとして、施設による擬似ファミリーホームとの区別を明確にした。同じく第3条の2の「できる限り良好な家庭的環境」は、国連ガイドラインにおける family-like care や residential care（施設）にあたり、グループホームや分園型グループケアのことで、子どもの人数は最大6人まで、困難な問題を抱える場合は4人までとした。

　こうして、将来像でいう本体施設は、できる限り良好な家庭的環境には含まれないため、将来像に沿って、ユニットケアや施設内グループケアを進めてきた多くの児童養護施設や乳児院は、根本的な見直しを迫られた。将来像をホップとすると、ビジョンは、多くの施設にとって、ステップを飛ばしてしかもまったく違う方向にジャンプすることを求めるものであった。

　一方で、里親の問題点として、いわゆる里親不調（里親と子どもの関係がうまくいかないため委託を解消すること）や未委託里親（里親登録されたものの子どもが委託されない）をあげ、幅広く多数の里親を募集することが重要であるとした。

　そこで、最初の数年間は、質の高い里親養育体制の確立を最大のスピードで実現することによって、里親委託の拡充を図ることを最優先課題とした。特に乳幼児は、原則として施設への新規措置入所を行わず、里親委託とする。そのうち、3歳未満についてはおおむね5年以内に、3歳以上の幼児についてはおおむね7年以内に里親委託率75％以上を実現し、学童期以降はおおむね10年以内をめどに里親委託率50％以上を実現すべきという画期的な数値目標を掲げた。

　乳児院は、乳幼児と家庭を支援するセンターとしての機能を備えて、2021年度までに名称を変更することとし、児童養護施設や児童心理治療施設、児童自立支援施設は、学童期以降の児童を対象とし、最大6人までの小規模な施設を地域に分散して行うこととした。乳児院の入所期間は最大数か月まで、児童養護施設もおよそ3年以内に、家庭復帰や里親委託、養子縁組に移行する努力をしなければならず、施設養育は短期的なものとなる。施設によっては、これを施設不要論だとして激しく反発するところもあるが、施設養護でなければ提供できないケア、例えば、被虐待児や障害児のアセスメントや緊急一時保護等の高度な専門的ケアを提供する場へと転換する方法を検討しなければならない。これまでの施設養育のよい点を否定するものではなく、家庭から離れなければならない子どもには新しい家庭を、というごくあたりまえのことを実現するため、里親も施設も変わらなければならないのである。

　例えば児童虐待をとっても、虐待相談の95％は在宅生活が継続されており、家庭への支援が欠かせない。そのため、社会的養育の対象は、家庭で暮らす子どもから代替養育を受けている子どもすべてであり、保育所も「社会的養育」に含まれる。ビジョンでは、保育所は発達を保障する場として重要であるにもかかわらず、諸外国に比べて子どもに対する保育士数が少なく、1人ひとりの子どもにあった個別養育を提供できているとはいえないとし、保育士の業務の多さや収入の低さも改善すべきであるとした。また、発達の問題をもった子どもや養育に悩む家庭が増加しているため、ソーシャルワーカーや心理士の保育所への配置等、家庭支援機能の向上を必要とし

ている。保育士にもますます、ソーシャルワークを生かした援助が求められている。

　最後に、社会的養育推進計画について述べる。将来像に基づいて、2029年までを目標として策定してきた都道府県の計画は、ビジョンによって2018年度末までに見直しが求められ、家庭養育の目標値の実現、特別養子縁組の拡充、児童相談所と一時保護所の改革、中核市・特別区児童相談所設置支援、市区町村の子ども家庭福祉支援体制などを盛り込むこととなった。ここでは触れられなかったが、社会的養育の改革に、児童相談所改革こそ最も必要なものである。施設や里親へ子どもを措置するのは、児童相談所である。児童相談所は、各都道府県・指定都市に設置が義務づけられている（児童福祉法第12条）が、児童虐待は、主に都市部で相談が多く、中核市（人口20万人以上で2020年4月現在、全国に60市）や特別区（東京23区）が児童相談所を設置することが求められている。現在、児童相談所を設置する中核市は、金沢市、横須賀市、明石市の3市で、設置予定の奈良市を含めてもまだ少ない。特別区は、練馬区を除く22区が設置を検討しており、2020年4月に、世田谷区・江戸川区・荒川区に児童相談所が開設された。今後も、児童相談所の設置は進むと見られるが、専門性を備えた職員の配置が何よりも大切であり、人材の確保と育成が急務となる。

【参考文献】
外務省「児童の権利に関する委員会の総括所見：日本」1998年
外務省「条約第44条に基づき締約国から提出された報告の審査　総括所見：日本」2010年

索　引

著者紹介

大西雅裕（おおにし　まさひろ）　　　　　　　　担当：Ⅰ章、Ⅲ章Ⅲ-1、2、8

　　現在　神戸女子大学文学部教育学科教授
　　最終学歴　佛教大学大学院社会学研究科修士課程修了（社会学修士）
　　専門　子ども家庭福祉、ソーシャルワーク
　　主な著作
　　　『保育士のための社会的養護』（共著）八千代出版
　　　『保育者のための子育て支援セミナー』（編著）建帛社

阪野　学（さかの　まなぶ）　　　　　　　　　　担当：Ⅱ章、Ⅲ章Ⅲ-6、7

　　現在　四條畷学園短期大学保育学科教授
　　最終学歴　関西福祉科学大学大学院社会福祉学研究科臨床福祉学専攻博士前期課程修了
　　　（臨床福祉学修士）
　　専門　子ども家庭福祉、施設養護、子育て支援、里親養育
　　主な著作
　　　『児童福祉施設援助指針』（編著）大阪府社会福祉協議会施設児童部会
　　　『保育者のための子育て支援セミナー』（共著）建帛社

浦田雅夫（うらた　まさお）　　　　　　　　　　担当：Ⅲ章Ⅲ-3、4

　　現在　大阪成蹊大学教育学部教授
　　最終学歴　立命館大学大学院社会学研究科応用社会学専攻博士前期課程修了（社会学修士）
　　専門　子ども家庭福祉、社会的養護、教育福祉
　　主な著作
　　　『保育士のための社会的養護』（共著）八千代出版
　　　『保育者のための子育て支援セミナー』（共著）建帛社

山川宏和（やまかわ　ひろかず）　　　　　　　　担当：Ⅲ章Ⅲ-5、Ⅳ章、Ⅴ章

　　現在　京都華頂大学現代家政学部現代家政学科准教授
　　最終学歴　佛教大学大学院社会学研究科博士課程満期退学（社会学修士）
　　専門　イギリスの里親制度、児童ソーシャルワーク
　　主な著作
　　　『社会的共同親と養護児童』（ボブ・ホルマン著　津崎哲雄と共訳）明石書店

事例で学ぶ社会的養護

2021 年 4 月 12 日　　第 1 版 1 刷発行

　著　者—大西雅裕・阪野　学・浦田雅夫・山川宏和
　発行者—森口恵美子
　印刷所—美研プリンティング（株）
　製本所—（株）グリーン
　発行所—八千代出版株式会社

　〒101
　-0061　東京都千代田区神田三崎町 2-2-13

　　TEL　03-3262-0420
　　FAX　03-3237-0723
　　振替　00190-4-168060

＊定価はカバーに表示してあります。
＊落丁・乱丁本はお取替えいたします。

ISBN978-4-8429-1805-1　　　　　　　　©2021 M. Ohnishi et al.